大夏书系·成长阶梯

爱的魔方

3—6岁儿童家庭教育案例集

王 练 等 编著

华东师范大学出版社
全国百佳图书出版单位

主　编： 王　练

副主编： 陈　虹　张　雯　胡　华

编委（按姓氏笔画排序）：

王　玉　王　鹏　王中会　池丽萍　邱　香　邱　敏

张　雯　张　磊　周司丽　段伯毅　夏　菡　戴　莉

目录

序　001

小　班

【案例1】不爱上幼儿园的孩子　　003
【案例2】只和阿姨亲的孩子　　012
【案例3】爱看同一图画书的孩子　　021
【案例4】对父母失望的孩子　　028
【案例5】爱"搞破坏"的孩子　　034
【案例6】总是受伤的孩子　　040
【案例7】"不知该听谁的"的孩子　　048
【案例8】"吃不够"的孩子　　056
【案例9】不友好的孩子　　063
【案例10】"睡不着"的孩子　　069

中　班

【案例1】爱发脾气的孩子　　079

【案例2】自我中心的孩子　　087

【案例3】不敢画画的孩子　　093

【案例4】任性的孩子　　103

【案例5】只和一个小朋友玩的孩子　　112

【案例6】"不听话"的小哥哥　　120

【案例7】只听奶奶的话的孩子　　130

【案例8】为父母学习的孩子　　136

【案例9】"爱钱"的孩子　　144

大　班

【案例1】怕输的孩子　　155

【案例2】不受欢迎的孩子　　162

【案例3】不爱弹琴的孩子　　169

【案例4】爱说谎的孩子　　177

【案例5】总是找借口的孩子　　187

【案例6】"厌学"的孩子　　194

【案例7】做什么事情都不积极的孩子　　201

【案例8】拒绝爸爸的孩子　　209

序

党的十八大以来,习近平总书记在不同场合多次谈到要"注重家庭、注重家教、注重家风"。可见习总书记高度重视家庭教育,家庭教育与国家民族的发展息息相关。在全国教育大会上,习近平总书记指出"家庭是人生的第一所学校,家长是孩子的第一任老师,要给孩子讲好'人生第一课',帮助扣好人生第一粒扣子"。总书记的讲话是对家庭教育重要性的高度凝练,是新时代家庭教育的指导思想。

孟母三迁,最后居于学官之旁,为孟夫子成为大儒奠定基础;岳母在年少的岳飞背上刺写"精忠报国",为他树立了报国的志向;傅雷用百余封家书谆谆教诲,以自身的人生经验现身说法,助其子傅聪成为"德艺兼备、人格卓越的艺术家"。成功的家庭教育,是每个成功者成长的基石,家庭中爱国敬业、积极进取、乐观向上的价值观,会潜移默化地影响着孩子的心灵,促进孩子的人格完善!

家庭教育是学校教育和社会教育的基石。家庭教育像春风雨露一样,无声地滋润着孩子们的心灵,为每个孩子养成性格、端正品行、形成正确的价值观起着无法替代的作用。每个孩子的成人成才,不仅关系到每个家庭的幸福,也关系到国家的发展和民族的希望。千百万家长都渴望科学的家庭教育指导,迫切需要行之有效的教育理念和教育方法。

为落实习近平同志关于做好家庭教育工作的指示精神和全国妇联领导提出的要求,发挥高校专业优势,传播科学的家庭教育理念和正确的教育方法,为家长排忧解难,促进儿童身心健康和家庭和谐稳定,在全国妇联指导下，中华女子学院与中国传媒大学联合打造了"爱的魔方：3—6岁儿童家庭教育案例集"公益视频，获得了广大家长的好评。

本书的编写是在"爱的魔方：3—6岁儿童家庭教育案例集"公益视频基础上进行的。书稿结合中华女子学院实验幼儿园的实践经验，精选了发生在3—6岁儿童家庭教育中常见问题的典型案例共27例，以案例分析为线索，对家庭教育理论和方法进行了全面介绍，旨在帮助家长更好、更快地掌握科学的家庭教育方法，保护孩子的童真，启发孩子的学习兴趣，减少与孩子的冲突，促进孩子养成健康生活习惯，培养和塑造孩子的健康人格，指导家长科学育儿。

该书汇聚了中华女子学院儿童发展与教育学院学前教育、应用心理学的专业教师，发挥专业优势精心编写，是家庭教育理论与实践相结合的成果。我们期待《爱的魔方：3—6岁儿童家庭教育案例集》的推出，能够回应广大家长的关切，为孩子身心健康成长保驾护航。

中华女子学院院长　刘利群

【案例1】不爱上幼儿园的孩子

案例介绍

涛涛，男，3岁5个月，是刚入园的幼儿，性格内向，行动缓慢。涛涛入园家访时坐在妈妈身边很安静。进入幼儿园后，涛涛在园表现内向，跟同伴接触很少。涛涛家中有爸爸、妈妈和奶奶。爸爸妈妈都是80后，高级知识分子。爸爸是位博士，在高校做工程师；妈妈是硕士学历，在高校任教师。爸爸妈妈对宝贝儿子一直都是照顾周到、呵护有加的。

情景一：开学第一天，小班新入园的幼儿表现各异。有哭闹的；有不哭不闹自己做事情的；有的很容易安抚，老师哄几句就好了；但也有些哭闹得很厉害，说什么也不让妈妈走。涛涛就是那种哭闹得很厉害的，而且只有他一直黏在妈妈身上，嘴里一直说着："我要回家，我不上幼儿园。"过了一会儿，小朋友基本都进班了，几个情绪不好的小朋友在老师的陪伴下也渐渐平复了下来，而涛涛还是一直被妈妈抱在怀里，在门口徘徊着。

情景二：涛涛入园已经一个多月了。爸爸妈妈对于涛涛上幼儿园这件事仍然非常焦虑。早上入园，妈妈抱着涛涛走进楼道，刚要放下，涛涛就开始哭闹，妈妈就继续抱着。其他小朋友做完操要回班的时候，涛涛还是不肯进班，摸着妈妈的脸说："我不想上幼儿园。"妈妈说："老师有没有打你啊？那妈妈再抱一会儿吧。"涛涛贴在妈妈的怀里哭着，妈妈也噙着眼泪蹭着孩子的头。过了一会儿，老师终于把哭泣的涛涛从妈妈身上劝了下来。进班以后，之前还大声哭闹的涛涛立刻停止了哭泣，自己转身进班搬椅子、洗手、漱口，俨然跟什么事儿都没发生一样。晚上来接园的时候妈妈抱着涛涛一直问老师：涛涛今天晚餐全部吃光了吗？中午几点钟睡的午觉？有睡一个小时吗？今天拉大便了吗？什么时候拉的？喝了几次水？

情景三：入园4个月了，涛涛基本可以顺利上幼儿园了，涛涛的爸爸妈妈看起来却更加不放心了，每天送涛涛进班后，都不离开，轮流趴在门外看。有一天，涛涛和小朋友们一起做完早操进班，准备吃饭，原本高高兴兴的涛涛发现了趴在门边上的妈妈，小嘴一撇开始哭了起来。妈妈一见涛涛哭了，马上打开门走进来抱起了涛涛，就这样"情景二"的剧情又反复上演了。

案例分析

从几个情景中涛涛的表现看，涛涛出现了典型的"入园焦虑"问题。

"入园焦虑"指幼儿在初入幼儿园时由于与父母分离、进入陌生环境独立生活而表现出的哭闹、拒绝进入等不适应行为。上幼儿园，对孩子来说意味着要离开依恋已久的抚养者（父母）、离开家庭所创造的安全场，来到一个完全陌生的房间里和许多不认识的小朋友、老师在一起，原来熟悉、舒适的生活秩序被打乱……这对一个3岁的孩子来说的确是一件很有压力的事情。而情景一中涛涛展现出的"黏人""哭闹厉害"就是对这种压力的反应，即儿童刚刚进入幼儿园时正常的焦虑表现。

在情景二中，涛涛仅在妈妈面前表现出入园焦虑，而进入教室后则表现得适应良好。这一方面说明涛涛的入园焦虑已经有所缓解，另一方面反映了涛涛母亲可能在孩子入幼儿园的问题上也有"入园焦虑"。涛涛的入园减少了孩子对母亲的依赖，也减少了母亲对孩子生活内容的参与，是孩子与父母"分离"的开始。现在涛涛已经在适应这种分离，而涛涛妈妈却没能很好地适应。这种不适应的表现之一就是对孩子在幼儿园的生活过度担心。

情景三中经过4个月的适应，涛涛已经度过了入园焦虑阶段，涛涛父母的分离焦虑倒是愈发严重了，甚至影响到了涛涛的适应，使涛涛的入园焦虑反复出现。此时的主要问题变成了父母对子女入园的不适应。孩子的入园焦虑通常是暂时的，当孩子适应了幼儿园的环境、老师、小朋友和生活秩序之后，入园焦虑引起的种种哭闹、性情改变、行为异常都会逐渐消失。这说明孩子已经成功地迈出了"独立"的第一步，孩子开始成长了。伴随孩子的成长，父母角色的重要性也要稍作调整，"让渡"出一部分空间和参与度给孩子。但是，涛涛的父母却没有作出这种调整，表现出对孩子"独立"的不适应。

孩子成长的过程中总是要不断进入新环境、适应新环境。幼儿园是很多孩子离开父母独立进入的第一个新环境，如果您家的宝宝出现了不愿上幼儿园的情况，您不妨从以下四个方面找找原因。

1. 孩子欠缺必要的社会适应能力。

儿童在成长过程中随着年龄的增长，交往范围是不断扩大的，交往能力和社会适应能力也逐渐增强。婴儿从出生到6个月左右主要发展对照看者（通常是母亲）的依恋，而到了一岁左右这种依恋开始慢慢地发展为对家人的亲近。同时，依恋所带来的安全感也开始成为孩子探索外界环境、接触和结识陌生同伴的动力。这一阶段是孩子探索和接触新环境的敏感时期，有机会接触其他同伴、成人和人际环境都能促进孩子社会适应能力的发展。从涛涛入园前的表现大致可以看出，涛涛性格安静、内向，较少与不熟悉的同伴、成人接触，这可能导致他缺乏适应新环境的能力。所以在入园之初他的"入园焦虑"表现得比其他孩子更严重、更持久一些。

2. 父母过分担心孩子适应环境的能力。

尽管最初拒绝去幼儿园，尽管每次离开妈妈时涛涛仍然会纠缠一番，但是涛涛在幼儿园确实在成长。他已经了解了幼儿园的生活秩序（早操、早餐、游戏等），熟悉了自己在新环境中的位置，结识了新的朋友，但是涛涛父母没有意识到孩子的成长，他们不相信孩子自己能适应新环境，结交新朋友。这种不信任也从侧面反映出更本质的问题：面对孩子的离开，父母陷入了焦虑。情景二和情景三都表明父母仍沉浸在与子女的"胶着的依恋"中，不能很好地适应孩子能够离开自己、融入集体的事实。他们潜意识里渴望孩子的依赖，甚至希望看到孩子表现出不想离开父母的焦虑情绪。孩子的"入园焦虑"正是家长潜意识里期望出现的，于是家长会守在门外，坐立不安、心绪不宁，一次次观察孩子的一举一动，充满疑虑地一次次询问孩子在园的各种表现，希望能证实孩子需要自己、孩子离不开自己。

3. 父母没有及时调整自己的角色来适应孩子的成长。

孩子的成长离不开父母的呵护，但是孩子的成长过程也是一个不断与父母"分离"的过程。心理学家弗洛姆曾这样解析母子关系："母爱的真正本质是关心孩子的成长，也就是说，希望孩子与自己分离。"孩子到了3岁需要发展与同伴的交往能力、适应新环境的能力了，进入幼儿园能为孩子提供这样的成长机会。入园一个月后的涛涛也表现出了环境适应能力的提高，减少了对父母的依赖，已经进入到一个新的成长阶段，此时涛涛父母需要调整自己与孩子的关系来适应孩子的成长，但是涛涛父母却没有作这个调整，他们对孩子的关心和担心仍然停留在"上一个阶段"，这种孩子发展与父母角色的错位导致涛涛父母的分离焦虑。父母的焦虑经常会把孩子拉回到上一阶段，出现"入园焦虑"的反复。

4. 父母欠缺必要的处理方法。

大部分孩子或多或少都会出现"入园焦虑"，父母应对得当，孩子是能够顺利地度过焦虑阶段的。而涛涛的父母不懂该如何处理孩子出现的"入园焦虑"问题，面对孩子的哭闹、拒绝、纠缠等焦虑表现，给予过多强调和迁就，其对孩子焦虑表现的过度共情与安抚更不利于孩子的入园适应。此时，家长应多了解"入园焦虑"的相关知识，配合教师积极引导孩子与教师和同伴建立起信任关系，逐渐适应教室、户外的新环境和新规则，了解幼儿园的生活秩序，相信孩子的这种焦虑会逐渐减少，最终也能适应幼儿园的集体生活。

专家建议

　　家长要了解一些"入园焦虑"知识，如焦虑产生的原因和表现，这样才能让应对更有效。首先，设身处地地了解进入幼儿园对儿童意味着什么，才能理解儿童为什么焦虑。进入幼儿园意味着，儿童要在一天的大部分时间离开他熟悉的、有安全感的家庭环境，离开他能"掌控"、依恋的父母，他已经习惯的在家里的生活秩序"作废"了，以往对环境的控制感也几乎被全部剥夺了，他需要进入一个陌生的环境，接触陌生人，重新了解新的生活秩序。相信有过入职经验的父母都能理解这样的压力。所以，入园确实是个压力事件，孩子出现"入园焦虑"很正常，家长不必苛责孩子。

　　幼儿的"入园焦虑"通常表现在三个方面：最常见的就是早晨上幼儿园的时候哭闹，拒绝进教室，打滚，磨蹭，找各种借口延迟进入幼儿园的时间。这些都是孩子们本能的自我保护反应，他们希望留在原来熟悉的环境里，拒绝进入新环境。第二类表现通常出现在家里。自从进入幼儿园后，孩子出现性情上的改变。本来比较独立的孩子突然变得黏人，处处依赖家长，或者原来安静、乖巧的孩子突然变得爱发脾气，动不动就哭闹。孩子白天在幼儿园里抵抗自己的"焦虑"，努力适应新环境，晚上回到家里需要放松，往往会通过"黏人"、发脾气发泄自己的焦虑情绪。这时候家长无须批评孩子在园和在家表现"两面派"，给孩子一个宣泄的机会，也让孩子了解进入幼儿园后父母对他的关爱没有变少。第三个方面是生活技能出现倒退。

例如，有的孩子本来是可以独立大小便的，但入园后却出现大小便弄在衣服上的情况；已经不尿床的孩子又会尿床；一直能安然入睡的孩子变得入睡困难、多梦易醒等。这通常是最让父母头疼的，甚至有父母会怀疑"我的孩子是不是不适合上幼儿园"。其实，这些表现也源自幼儿对陌生环境缺乏掌控感，他们白天在幼儿园里需要调用大量心理能量和意志力去适应环境，回到家中身心都放松下来，就不再（可能也没有力气）调用意志力去克制自己不尿床、使用小马桶等。孩子通过生活技能的倒退宣泄适应新环境的紧张和压力，同时也能唤起父母更多的关爱，弥补他们在园期间失去的亲情之爱。随着孩子慢慢适应幼儿园生活，入园焦虑也会随之消失，那些因为入园焦虑引起的性格和行为上的异常表现也会自然消失。

每个孩子入园焦虑的表现和入园适应的速度都不同，家长要理解和尊重自己孩子的发展特点，逐渐了解其成长的独特性，允许孩子按照自身的节奏和方式发展。同时，家长也应保持积极、良好的心态给孩子营造温暖、轻松的心理环境，让幼儿形成对幼儿园、老师和小朋友们的信赖感即可帮助孩子很好地适应。

最后，家长也要及时调整自己的角色和心态，跟上孩子成长的步伐。孩子的成长总是要伴随着与父母的"分离"：从与母体分离成为一个独立的婴儿，与乳房分离开始独自吃饭，与怀抱分离开始独立行走，脱离父母监护单独外出，甚至有一天脱离供养自己赚钱，脱离支配发展自我，脱离家庭组建另一个家庭。在此过程中，父母的角色需要不断调整、抽离，从孩子唯一的依恋者的位置退出，让位给孩子的同伴、伴侣和他自己的孩子。进入幼儿园也是孩子成长的一个里程碑，父母要及时调整好自己在亲子关系中的角色和位置，给孩子的成长留出空间。不懂得分离会阻碍孩子的成长。

具体对策：

1. 家长需要保持良好的情绪状态，以积极、愉快的情绪影响幼儿。

例如，父母经常和孩子谈论幼儿园里的新奇玩具、友好的小伙伴和关心他的老师，让孩子对新的环境、新的同伴和老师产生好感和信任。父母也可以让孩子时常看到父母和老师友好的交谈，帮助孩子和老师形成新的依恋关系。此时，父母切忌在孩子面前表现出焦虑、不信任、担心、不舍等情绪，这些情绪会向孩子传递"幼儿园不安全""爸爸妈妈不放心"的错误信息，阻碍儿童入园适应。

2. 相信孩子能够逐渐适应新生活，及时肯定孩子的适应行为。

当孩子出现哭闹较少、主动和老师打招呼、安静投入幼儿园的游戏活动时，父母要及时给孩子鼓励和肯定，让孩子知道这些行为是自己成长的标志。父母的赞许会给孩子带来信心，慢慢地，孩子在幼儿园吃得好、睡得香、和老师小朋友玩得开心等等适应行为会越来越多。

3. 为幼儿创造与其他人交往的机会。

对于涛涛这样性格内向的孩子，父母可以经常带他接触不同的人际环境，如参加亲戚朋友聚会，多和不熟悉的小朋友玩，使幼儿较快适应新的人际关系。但是，性格内向的孩子往往也比较敏感、退缩，很可能父母越是把孩子往前推，孩子越是往后退。如果孩子十分不情愿和新朋友打交道的话，父母也不宜操之过急，可以先有意识地挑选一些和孩子比较对脾气的小伙伴，教给孩子和小伙伴友好相处的办法，让孩子尝到和新朋友一起玩的乐趣。总之，父母给孩子创造交往的条件，但要有顺其自然的心态，不要给孩子施加压力。

做法举例

早上入园时，妈妈牵着涛涛的手向老师问好，和小朋友打招呼。妈妈还蹲下来问涛涛同班的一个小朋友是不是也看过昨天晚上的动画片，问涛涛"你是不是也喜欢那个动画片"。涛涛妈妈主动引导涛涛和小朋友交往，开始和小朋友聊动画片的涛涛也不再撒娇了，可以主动和妈妈说"再见"了。妈妈每天早晨都高兴地和涛涛告别，并很快转身离开幼儿园。

接园的时候，妈妈会同意涛涛在幼儿园和小朋友多玩一会儿。涛涛已经和同班的亮亮成为好朋友了。涛涛越来越喜欢幼儿园。涛涛玩耍的时候不再需要妈妈时时陪伴，妈妈就和亮亮家长交流孩子的教育话题，也了解了很多同龄孩子可能遇到的问题和对策。

每周末，妈妈都会带涛涛去参加小朋友的聚会，或者拜访亲友，涛涛虽然有时害羞，黏在妈妈身边，但慢慢地已经能够和其他长辈聊天，能够独自和小朋友玩耍了，甚至还结交了新的朋友。涛涛内向的性格逐渐有所改善。

资源链接

《魔法亲亲》/ 奥黛莉·潘恩（文），茹丝·哈波、南西·理克（图）

小浣熊 Chester 不愿意去上学，因为他不愿意离开妈妈去一个陌生的环境，妈妈向他保证，他一定会喜欢新学校，并告诉他一个秘密："the kissing hand"，妈妈在小浣熊的掌心印上一个吻，这样每当小浣熊在学校感到孤独的时候，把掌心轻按在脸颊上，妈妈的吻就会温暖他的心，他就不会再孤独和害怕了。那天小浣熊去上学，他在妈妈的掌心也印下了一个吻，好让妈妈在想他的时候，也可以感受到这魔法亲吻。

《一口袋的吻》/ 安杰拉·迈克奥里斯特（文），苏·海拉德（图）

上学第一天，迪比要学好多好多的东西。他能记住在哪里挂大衣吗？他能听见老师叫他的名字吗？迪比是个对上学不太有勇气的小男孩，他的妈妈帮助他的办法可真的有些特别。妈妈在迪比的口袋里吹了 12 个吻，并告诉迪比，如果他感到害怕可以从口袋里拿出来一个吻，想象着妈妈就在他身边。迪比到学校后，用完妈妈的吻了吗？

这是一个非常温暖的故事,献给刚入学的孩子,可以帮助他们缓解焦虑,建立自信。

《汤姆上幼儿园》/ 玛丽-阿利娜·巴文(图),克斯多夫·勒·马斯尼(文)

汤姆要上幼儿园了,第一次上幼儿园对他来说真是一个前所未有的大挑战。这本书告诉你,孩子是如何体验上幼儿园这件事的。为什么有些孩子会装病、耍赖,在幼儿园门口拉着妈妈不松手……?要知道,对孩子来说,上幼儿园是一件多么不容易的事啊。让我们给这些孩子宽容、鼓励以及爱的拥抱吧,相信他们会和汤姆一样喜欢上幼儿园的。

(池丽萍撰写)

【案例2】只和阿姨亲的孩子

案例介绍

西西是个3岁5个月大的男孩子，爸爸是外企高管，妈妈是一家外资银行的主管。西西爸妈都是从小刻苦学习，靠着自己的聪明与努力才获得今天的成就。平时两人各忙各的，在家的时间本来就少，回到家也经常是各忙各的工作，夫妻之间很少交流，更不要提亲子交流了。他们一致认为只要孩子智力没有问题，孩子的成长就不会有差池。他们只是为了尽到当父母的责任，偶尔会在周末陪陪孩子。

西西从一出生就主要由保姆照料，即使西西上了幼儿园，也是保姆接送，一学期也难得见到西西爸妈出现在幼儿园。

情景一：西西在院子里和小朋友玩沙子，你一勺我一勺，玩得特别开心。这时，出差回来的妈妈看见西西在院子里，就走过去和西西打招呼："西西，妈妈回来了，想妈妈没？"西西就跟没听见一样，起身走到阿姨跟前说："阿姨，我不想玩了，我们回家吧。"留下一脸尴尬的妈妈……

情景二：晚上睡觉前，西西妈妈对西西说："西西，今晚和妈妈一起睡好吗?妈妈给你买了个新玩具。"说着,妈妈从身后拿出了一辆小汽车递给了西西。西西拿着汽车玩了一会儿,径直走进阿姨的房间,不理妈妈。妈妈去抱西西,想让西西和她一起睡,结果西西开始大哭:"阿姨,快来救我,妈妈要把我带走,阿姨,快来救我!求求你,快来救救我吧!哇哇……"

情境三:一个周末,西西的爸爸妈妈带西西去爬山。还没走到山脚下,西西就开始喊累,自己走不动了,要爸爸妈妈抱。妈妈觉得这是亲近儿子的好机会,二话不说就抱着西西往前走,但由于体力原因,妈妈很快就抱不动了,于是让爸爸抱。爸爸一把接过西西,把西西放到地上,很生气地说:"都这么大了,自己走。"西西被爸爸的态度吓到了,开始吧嗒吧嗒掉眼泪,爸爸一看更生气了,转头对着妈妈嚷嚷道:"看你平时把孩子都惯成什么样了?连走路都懒得走。"妈妈一听,不高兴了,说:"我惯孩子,我怎么惯孩子了?你怎么不说说你从来就不管孩子呢?难道孩子是我一个人的吗?你有什么资格说我?"西西一看爸爸妈妈吵起来了,边哭边大喊着:"××,××(爸爸妈妈的名字),你们不是我的爸爸妈妈,我要找阿姨,我要回家,我要找阿姨,阿姨才是我的妈妈……"

案例分析

案例中由于父母陪伴时间过少,西西从小就没有感受到来自父母浓浓的爱意,转而与父母之外的抚养人即保姆建立起亲密关系。等孩子长大,父母才发现孩子对"别人"比对自己还亲,这种问题在寄养家庭和隔代教养家庭中经常可以看到,表现为孩子对爷爷奶奶、姥姥姥爷或叔叔婶婶等比对自己的父母还亲。从心理学角度看,这些问题的本质在于家庭中父母与孩子之间没有建立起安全型亲子依恋关系。

依恋(attachment)是指婴儿与照料者(主要是母亲)之间存在的一种

特殊的感情关系,用以描述母婴之间的一种亲密感情联结。① 英国心理学家约翰·鲍尔比(John Bowlby,1969)认为依恋的表现形式主要有:分离时的紧张和寻找;重逢时的愉悦和轻松;并对陌生人形成一种排斥倾向。依恋的目的在于为孩子创造一个舒适安全的环境,帮助孩子建立爱心、信任以及安全感,帮助孩子健康成长。依恋是逐渐发展起来的,在儿童6～7个月时开始出现,0～3岁是形成亲子依恋关系比较关键的时期。

美国心理学家玛丽·爱因斯沃斯(Mary Ainsworth,1978)根据陌生情境下幼儿与母亲分离或重聚时以及陌生人在场时的表现,把儿童的亲子依恋划分为安全型、回避型和矛盾型三种类型。其中安全型依恋关系是指孩子在母亲在场时能安逸地游戏和探索;母亲离开时,孩子会出现情绪困扰;但母亲回来时,就去亲近她,情绪容易平静下来。回避型依恋关系是指母亲在场或不在场对儿童影响不大,母亲离开时,儿童并无忧虑表现;母亲回来了,往往不予理睬,虽然有时也会欢迎,但持续时间很短暂。矛盾型依恋的孩子每当母亲离开时都大喊大叫,极度反抗;但当母亲回来时,他的态度又是矛盾的,既寻求安抚,又拒绝接触。安全依恋感的建立是儿童情绪健康和人格完善发展的重要基础,它使婴幼儿经常快乐,更容易同他人接近并建立友好关系,更愿意认识和探索新鲜事物。研究表明:良好的母婴依恋能够促进儿童社会化,形成良好的情绪、道德和人格,而且这种影响力将持续个体的一生,并具有代际传递功能。

父母与孩子建立健康的亲子关系会受到很多因素的影响,造成本案例中西西"只和阿姨亲"的原因也可能多种多样,比如:

1. 父母忽视了孩子的情感和个性发展。

西西的父母认为为孩子创造优越的物质条件,安排保姆照顾孩子的生活和学习,孩子的智力没有问题,就可以健康成长。其实,幼儿的健康包括身心两个方面,幼儿成长中不仅有吃喝拉撒睡等生理需要,同时还有安全、情

---

① 张文新:《儿童社会性发展》,北京师范大学出版社1999年版。

感和归属、尊重与自我实现等多种需求。父母的陪伴和爱是幼儿获得安全感、认同感和归属感的重要方式。华盛顿大学儿童心理学教授格林斯本认为："感情能力不只是未来发展亲密关系与信赖的基石，也是智能与许多认知能力的基础。在孩子不同的发展时期，感情能力都扮演主导的角色……"如果在养育孩子的过程中，父母只提供物质条件，没有满足孩子的情感需要，是无法获得孩子的信任和尊重的，更别提建立亲密无间的亲子关系了。

2. 家庭氛围冷淡，温馨不足。

家庭氛围是指家庭成员在日常生活的相互关系中所形成的稳定的心理和行为环境。家庭氛围作为一种综合的教育力量，是思想作用、生活习惯、情感、态度、精神、情趣以及其他心理因素等多种成分的综合体。良好的家庭氛围可以让孩子感到舒服和亲切，他们可以从中感受到父母之爱和家庭温暖，更愿意与父母亲近和向父母学习，身心也会得到健康的发展。西西父母每天忙于工作，疏于精神环境和家庭氛围的建设，缺少亲子交流和夫妻交流，夫妻之间遇到问题互相指责和埋怨，缺少爱和相互尊重，让西西感受到的家庭氛围是冷淡、不温馨、不和睦。这些都对西西产生了负面影响，使得西西难以与父母亲近。

3. 父母陪伴孩子的时间过少，缺乏有效的亲子沟通。

亲密的关系是在陪伴和相处中慢慢建立起来的，没有陪伴，便无从谈依恋。通常孩子最亲近的总是那个用心、花时间陪伴他的人。如果父母难以做到这点，把孩子交给保姆或爷爷奶奶照料，孩子就很难与父母建立起健康的亲子依恋关系，还可能产生"父母不爱我""我不如父母的工作重要"等错误认识。在这种环境下成长的孩子，自我价值感相对较难确立，可能形成自卑、退缩甚至自我怀疑的人格，为今后发展带来隐忧。

陪伴过程中的有效沟通很重要。有时父母工作较忙，陪伴孩子的时间较少，但如能做到有效的亲子沟通，也能避免孩子与父母的疏离和不理解。有效的亲子沟通应是父母与孩子之间进行的双向的、互动的，并伴随情感交流的过程。本案例第一个情景中西西妈妈出差回来和正在玩耍的西西的沟通只是单向的，西西没有对妈妈的问询有任何反应。第二个情景中妈妈用小汽车笼络西西、强行要将西西带走，这些行为都是一厢情愿的单向沟通，属于无效沟通。

专家建议

《3—6岁儿童学习与发展指南》中明确指出：家庭要为幼儿创设温暖、关爱的家庭生活氛围，建立良好的亲子关系，让幼儿在积极健康的人际关系中获得安全感，发展自信和自尊，形成基本的认同感和归属感。要扭转西西与父母的关系，首先需要明确基本的教育原则，即让孩子感受到父母的关爱。这种关爱可以具体体现在营建温馨、和谐、彼此尊重的家庭氛围，夫妻互爱、耐心陪伴孩子、进行有效的亲子沟通。

另外，需要注意的是：0～3岁是形成亲子依恋比较关键的一段时期，3岁多的西西已经和保姆建立了依恋关系，西西父母应该作好思想准备，要想在短期内改变这种依恋关系比较困难。如果强行改变，如辞退保姆可能会导致孩子不良情绪的产生。从心理学角度看，保姆是西西的"次级依恋对象"，父母要谨慎处理与保姆的关系，建议父母增加陪伴时间并逐渐取代保姆的陪伴，从而改善亲子关系。

具体对策：

1. 家长要学习与了解育儿知识，重视孩子的个性和情感的培养。

父母并非天然能够成为合格的父母。在养育孩子的过程中，父母应主动学习，与有经验的父母和育儿专家交流，参加一些幼儿园或其他教育机构组织的家长学校；也可以通过儿童心理、家庭教育等书籍了解儿童成长发展的规律和知识，及时地发现自己教育孩子存在的问题和不足。父母应主动接触、观察、了解孩子，重视和读懂孩子发出的情感信号，并及时作出反馈。

2. 积极营造和睦、温馨的家庭氛围。

《家庭氛围影响孩子的一生》的作者走访了 20 多个国家，对一万多名肤色不同、经济条件各异的学龄儿童进行了一次大规模调查。调查结果发现孩子对家庭和父母的要求放在首位的不是物质条件——相对于吃、穿、用和玩的东西，他们更关注的是家庭精神生活、家庭氛围和父母对他们所采取的态度。孩子心目中的理想家庭有着友爱、轻松、宽容、民主和活泼的气氛，他们最讨厌的是气氛冷淡、紧张、沉闷、专横、毫无生气的家庭氛围。

家庭氛围是一种家庭精神环境，和睦、温馨的家庭氛围主要取决于家庭关系。家庭中的儿童、父亲和母亲，构成一个家庭三角形，这个三角形的每一边都表明一种家庭关系。① 在家庭中，夫妻关系是第一位的，其次才是母子关系、父子关系。在一个家庭中保持这样的序位，夫妻互爱、彼此尊重、有话好好说，孩子才能感受到安全感，感受到亲情和关爱。尽管西西父母通过自己的努力获得不错的工作和事业，但良好的夫妻关系、亲子关系同样需要用心经营。良好的夫妻关系不仅是幸福婚姻生活的保证，也会对孩子形成潜移默化的影响。

营造良好的夫妻关系、母子关系和父子关系时应注意以下几点：（1）平等。平等是创造良好的家庭心理氛围的前提。父母、子女任何一方的优越感都会使其他家庭成员产生心理压力、心理隔阂。（2）理智。只有理智能够克制自己的心理冲动，并冷静地对待和处理问题，这样有利于保持良好的家庭心理氛围，更重要的是，有利于孩子形成稳定的心理特征。（3）开放。这里所说的开放是指家庭成员能够坦率、平等地以其他成员可接受的方式，表达自己的想法，而不是毫无顾忌地发泄。

3. 每天抽出一定的时间陪伴孩子。

不管家长怎么忙，每天都要抽出一定的时间去陪伴孩子，如与孩子一起搭积木、讲故事、听孩子说说幼儿园的事、周末郊游等，可以选择从孩子喜

---

① 杨雄：《家庭"三角关系"对儿童发展的影响及政策实施》，《当代青年研究》2011 年第 7 期。

欢的活动开始。总之，一定要与孩子一起度过只属于你和孩子的时间，珍惜这份亲情流动的时光。忙，永远都是成人的借口，成人总是把时间用于自认为最有价值的事上，却忘记了作为父母最有价值的事情是帮助孩子获得良好的成长。不要让孩子成为物质上得到极大满足，而内心缺少爱的孩子。

4. 学习各种亲子沟通技巧。

幼儿的沟通方式与成人不完全相同。亲子沟通应注意：(1) 关心的眼神。在和孩子说话时，父母一定要用关心的眼神注视孩子，随时注意孩子的表情、行为，让孩子有更多被重视的感觉。千万不要边做其他事边听孩子说话，敷衍应付孩子。(2) 多使用短句。与孩子说话时，成人的表达要简洁明了，要求要具体，多使用短句，让孩子能听明白，并注意到成人的讲话。如"现在是讲故事时间，我们今天读那本书"。(3) 鼓励表达，耐心倾听。成人要鼓励孩子说出自己的想法和感受，并认真倾听孩子所说的话。如"妈妈很想听听你的想法"。(4) 语气要温柔。不要老是用责备的语气与孩子说话，多使用建议的语气，例如"不然，你说说看……"或采用聊天式的方法，沟通的气氛才会好，孩子也更愿意说。(5) 发现优点，及时表扬。父母要主动发现孩子的优点，一旦孩子表现出家长期望的良好行为要及时给予表扬。要知道，奖励往往比惩罚更有效。(6) 换位思考。父母应该多站在孩子的立场上去考虑事情，这有助于进入孩子的内心世界，让彼此之间更贴近。总之，要积极、主动地与孩子交流，想到一起、做到一起、玩到一起，从而赢得孩子的信任。

同时，与孩子沟通时，还要注意孩子的非语言反应。比如孩子开始出现左顾右盼，注意力不集中，父母就应该停止沟通或者转换话题了。对于年幼的孩子，这种非语言反应更加重要，许多孩子还不会用语言来拒绝父母，只会下意识地用行动来表示。如果父母不了解这一点，久而久之，孩子就会养成"父母说父母的，我做我的"的习惯，亲子关系会越来越疏离。

做法举例

在家里，西西的爸爸妈妈和西西一起商量，设立了家中的"爸爸时间"和"妈妈时间"，每天都有爸爸或者妈妈陪同西西一起游戏，西西也越来越喜欢和爸爸妈妈待在一起了。

爸爸和西西比赛跑步，西西觉得累了，走走停停，爸爸注意到这一点，停下来："西西是不是有点累了？"西西回答："嗯，我走不动了。"爸爸说："爸爸也有点累了，要不我们坐下来休息一会儿，或者做个小游戏？"西西一听马上来了兴趣，问："什么游戏啊？""刚才我们是面朝前面跑消耗了不少体力，接下来，我们面朝后面，倒着跑如何？"爸爸一边说一边作示范，西西高兴地说好。于是父子俩一会儿朝前跑一会儿倒着跑，最终西西坚持跑到了终点。

资源链接

《孩子，我应该这样爱你》/ 巴豆

没有天生的父母，我们对孩子的世界一无所知。随着孩子的到来，我们跟孩子一道开始探索新的世界，与孩子一起慢慢成长。养育孩子就是养育父母。每一位父母都不会否认自己对孩子的爱，但如何在养育孩子的过程中恰当地表达出爱并被孩子感知，则需要父母们好好思考并学习。本书作者巴豆根据自己的育儿经验完成此书，有读者评价：书中的每一个段落都值得仔细体味，同时极具操作性，具有较强的可读性和较高的可借鉴性。

《亲子关系全面技巧》/ 李中莹

本书是著名NLP（神经语言程序学）导师李中莹先生"家庭大学"系

列培训计划中的一个主题课程，作者结合多年亲子关系的有关研究和实践，从家长怎样看待自己的身份、理想的家庭环境、父母对待孩子的引导模式、因时施教、情绪教育、亲子沟通、正确对待孩子的学业、消除家长压力等方面行文，全面、系统地介绍了亲子关系的各种技巧，为家长正确处理亲子关系提供了一种简单易学而又极具可操作性的参照模式。

"爱是什么"系列（套装3册）/芭芭拉·M·宙斯

"爱是什么系列"是一套描绘亲子教养的绘本，包含《妈妈，你爱我吗？》《爸爸，你爱我吗？》和《妈妈，你最爱谁？》三册绘本，它们不仅传授了爱的能力，还传授了爱的智慧。强烈建议亲子共同阅读，能够让无条件的爱在亲子之间畅通无阻，建立更亲密的亲子关系。

《妈妈，你爱我吗？》：在与妈妈的对话中，因纽特小女孩反复测试着妈妈的爱。妈妈一遍一遍地重复"我还是爱你"，让小女孩明白妈妈的爱是温暖且无条件的。温暖的故事，精美绝伦的插图，以及各种令人兴奋的动物充分展现了生活在北极的因纽特人的生活，同时描绘了超越时间和空间的亲子之爱。

《爸爸，你爱我吗？》：在与爸爸的对话中，马赛小男孩一遍又一遍地试探着爸爸的爱。爸爸反复安慰着他的小儿子，让孩子知道他的爱是无休止的，充分满足孩子的安全感。精心绘制的插画展示了马赛人的生活图景，除了亲子教养的功能，还能让孩子感受多元文化。与以往深沉、含蓄的父爱故事不同，这本书塑造了一对甜蜜、温馨的父子形象。

《妈妈，你最爱谁？》：兄弟俩一直在争夺妈妈的关注，如谁捉虫子最棒，谁划船最快，你最爱谁……面对孩子提出的棘手问题，妈妈根据每个孩子的独特之处给出了完美的答案……温暖的画面配合意味深长的文字，既有对父母之爱的颂扬，又让我们看到每一个孩子都有自己的独特之处。

（邱香撰写）

【案例3】爱看同一图画书的孩子

案例介绍

乐乐是一个3岁6个月的女孩,特别喜欢看与熊有关的书,她最喜欢看"贝贝熊系列丛书"。乐乐的妈妈是一名高校老师,爸爸是一名公司研发人员。由于爸爸平时很忙,没时间管乐乐,所以乐乐的教育问题主要由妈妈来完成。乐乐妈妈非常重视乐乐阅读兴趣的培养,为此,给乐乐买了很多的幼儿读物,她希望将乐乐培养成从小就喜欢阅读各类书籍的孩子。

情景一:晚上,乐乐和妈妈开始她们的阅读时光,乐乐在她的书架上找书,从一层翻到二层,又从二层翻到一层,就是没找到她想要的《难忘的生日》。乐乐一脸着急地冲着妈妈问:"妈妈,我的《难忘的生日》呢?"妈妈说:"我没有看到,咱们今天先看看别的书吧。《难忘的生日》已经看过很多遍了。"乐乐不情愿地说:"不要,我只想听《难忘的生日》。"说着说着还哭了起来。乐乐边哭边找,最后终于在卧室里她的小床上找到了。当看到那本已经破了边的书时,乐乐破涕为笑:"终于找到你了。"说着还亲了亲这本书,然后像抱着宝贝一样去找妈妈继续阅读这本书了。

情景二：为了让乐乐的阅读范围更广一些。妈妈给乐乐买了各种类型的图书，可是乐乐都不是很感兴趣，有的时候随手翻翻就放下了，不是很喜欢看。当乐乐又一次拿着"贝贝熊系列丛书"来让妈妈讲时，妈妈很严肃地说："乐乐，今天开始我们要换其他书看，不能再看贝贝熊了，今晚我们讲《揭秘海洋》。"乐乐站在一边极不情愿地坚持着："不，我就想看贝贝熊。"妈妈也很坚持："今天我们就看《揭秘海洋》。"说完就讲了起来，乐乐面无表情地听妈妈讲着《揭秘海洋》，至于妈妈讲了些什么，乐乐一点儿也没听进去，她甚至觉得妈妈不爱她了。

情景三：乐乐爸爸好不容易有几天假，想趁机好好陪陪乐乐。爸爸问乐乐："乐乐，我们一起玩过家家好不好？"乐乐说："爸爸，我想让你给我讲贝贝熊的故事。"于是，乐乐坐在爸爸的腿上听爸爸讲故事。这时，妈妈进来看见父女俩一起讲贝贝熊的故事便走过来打断他们，说："《揭秘海洋》才讲了一点，让爸爸继续给你讲完吧！"爸爸和乐乐都愣住了，爸爸说："讲完这本再讲吧！"妈妈却坚持说："贝贝熊已经讲过很多遍了，这本书还有很多知识没讲过，有很多新书不去看，总是读贝贝熊有什么意思，对吧乐乐？"等妈妈走后，乐乐小声地跟爸爸说："爸爸，其实我还是想听贝贝熊……"

案例分析

重复阅读是该年龄段幼儿早期阅读发展中的正常表现。《3—6岁儿童学习与发展指南》明确指出，"反复看自己喜欢的图书"是4～5岁儿童的年龄特点，作为家长要做的是为孩子提供符合其年龄特点、富有童趣的图画书，提供相对安静的地方，尽量减少干扰，满足孩子自主阅读的需要。

大多数幼儿喜欢反复阅读，正是成长的需要。孩子由于缺乏认知经验和阅读经验，很少能一次就读懂所有内容，而反复阅读自己大致了解的东西，可以减少孩子对新异刺激的不确定性，增加孩子的自信心、控制感和安全感。反复阅读是现阶段孩子的一种心理的自我调节方式，以更好接受外界环境信息。家长无须过分担心。

孩子的阅读能力还没有发展起来，他们尚需要通过更多的学习和不断的尝试，出现反复阅读同一本书这种情况的原因是多种多样的。如果您家里的宝宝也有类似这样的情况，不妨看看下面的分析：

1. 家长不了解儿童早期阅读的年龄特点。

家长不了解年幼儿童的阅读特点，导致对其早期阅读的目标定位不准确。在幼儿阶段，孩子的阅读特点与成人有很大的区别，孩子的阅读过程是学会阅读和从阅读中获得信息、知识同时进行的。而反复阅读就反映了孩子的这个阅读特点，即孩子在反复阅读的过程中，熟悉书面语言的表达特点和表达模式，了解书面语言中表达的意义，其实也是在学习阅读。而成人只是站在自己的角度去看待儿童的阅读，认为一本书那么简单，看几遍里面的内容不就了解了吗，怎么还需要反复看。这实在是成人对幼儿的误解。

2. 家长的指导方法不恰当，可能损伤了孩子的阅读热情。

在早期阅读阶段，最主要的目标并不是孩子通过读书懂得多少道理，或认多少字，或获得多少知识，在人生早期，最为重要的是阅读兴趣的培养，也就是说，要让孩子喜欢上书，并把书当成一生的朋友和伴侣。不了解这一点，成人在引导过程中很可能会有不恰当的观念，比如，重视孩子读更多的书，而不尊重孩子读书的热情。如果家长用很粗暴和武断的方式，硬是把新书塞给孩子，孩子会因为成人的态度对新书产生抗拒心理，自然不会喜欢。因此，在引导孩子阅读这件事情上，无论如何都不能以牺牲孩子的兴趣为代价去教育孩子。

3. 家长的耐心和关爱不够。

有的时候，孩子反复阅读图书，也可能是因为某一本（套）书能带给他一种特别的内心满足感。这种满足感可能来自书的内容，也可能来自与这本书相关联的父母的亲密陪伴行为。假如父母陪孩子的时间不多，而在读某一本书的时候，父母特别投入和用心，让孩子从亲子互相依偎的姿势、父母亲切缓慢的讲述中体会到母亲的体温、父亲的呼吸，那一刻亲子交流的温馨就深深地与这本书联系起来了，成为了孩子喜欢的一个理由。

但是，在现实中，有的家长给孩子读书的时候，其实只是在应付孩子，并没有真情投入，对儿童的书也不感兴趣，而孩子是非常敏感的，能够发现家长的虚假热情。

专家建议

尊重孩子的选择、耐心陪伴孩子、与孩子尽情分享他所喜欢的图书是父母有效引导孩子进行早期阅读的基本原则。在孩子重复阅读的问题上，成人面临的挑战其实是最大的，因为重复阅读，会让成人觉得无聊和乏味，也会非常辛苦，因此，在面对这个问题的时候，耐心是最高的教育原则。

还有一个很重要的问题就是，当我们尊重孩子的选择时，实际上是向以儿童为主体迈进了一步。在儿童选择图书的问题上，成人特别容易因为自己的知识经验较儿童丰富而越俎代庖，但是，成人的选择也很容易偏离儿童真正的兴趣中心。成人要尊重儿童的选择，信任他们，帮助他们逐渐学会依据自己的兴趣扩大选择的范围。

具体对策：

1. 尊重孩子的选择。

从幼年时期，培养孩子的阅读兴趣，首先就是要尊重孩子的选择，呵护孩子已经建立起来的阅读兴趣。孩子能如此痴迷地喜欢一本或者一套书，这是多么值得我们高兴的事情啊，千万别让我们的无知和愚蠢破坏了孩子对书已然建立起来的热情。只有尊重孩子的选择，欣赏孩子的选择，我们才能静下心来，耐心地去观察和思考孩子为什么会如此喜欢这本书，并认真探究孩子究竟执着于书中的什么。这其实是一个很好的机会，让我们更细致地去了解在读书的过程中，在孩子身上究竟发生了些什么。

2. 耐心陪伴孩子。

亲子阅读绝对不只是一种知识的学习，更是一种心灵的沟通。一本书就是一个纽带，把成人和孩子的心灵连在一起，共同进入一个书本的世界中探险。而且，很多儿童读物从内容到语言都是非常好的，假如成人能有一颗童心，也能感受到来自童书中的温暖情感和趣味。所以，在亲子共读时刻，成人应该放下一切，全身心地和孩子共享阅读的温馨。这样的时刻，也会成为美妙的亲子沟通时刻。透过这样的时刻，我们会更加了解孩子的世界，也会让孩子感觉到彼此的心灵离得很近。

3. 多种方式共读。

家长可以经常和孩子聊一聊他们喜欢读的书，让孩子有机会分享自己已知已会的故事，让她获得成就感。同时，成人也能搞清楚孩子对书里的什么内容不理解，和孩子就这个问题展开讨论，解决孩子的问题，满足孩子的需要。

家长可以试着用角色扮演、情节游戏、绘画讲述、自制图画书等手段，让孩子通过多种形式感受阅读的乐趣，而不局限于只是听大人一遍一遍地讲故事。多样化的游戏能满足孩子对于书中内容的理解和内化的需要，如果成人能够投入而富有智慧地引导孩子进行这些游戏，这样的有效陪伴本身也会让亲子关系有更深入的发展。

4. 引导幼儿关注新图书。

其实，在读书这件事情上，数量和收获并不是完全成正比的。在引导孩子关注新书时，家长不必纠结，读新书也好，对旧书爱不释手也好，都是孩子珍贵的人生体验。

在这样的前提条件下，首先，我们引入的新书是基于对孩子兴趣的了解，对孩子能力的了解，有些书很好，但是超出了孩子的阅读水平，也是很难被孩子喜欢的。其次，把选择权交给孩子。家长只要创造机会就可以了，比如带孩子去图书馆，去书店，让孩子自由选择他们喜欢的书。最后，家长自己也要了解童书，要了解什么样的书才是优秀的儿童读物，并且要自己喜欢阅读，家长的热情一定会通过声音、语气等感染孩子，或者在和孩子游戏时，巧妙地把新书的精彩内容与孩子自然地交流一下，这样就会让他不由自主地喜欢上爸爸妈妈所推荐的书。

做法举例

在家里，乐乐和爸爸妈妈一同商量如何表演《抱抱别生气》，大家分配好角色，乐乐高兴地和爸爸妈妈一起表演故事书中的内容。

在幼儿园，乐乐问老师："老师，我是怎么出生的？"老师听到乐乐这么问，就和乐乐找出与人体有关的书，和乐乐一起寻找答案。

资源链接

《我喜欢书》/ 安东尼·布朗

作者用幽默风趣而充满诗意的语言，让一个憨态可掬的小猩猩带领孩子们走进一个丰富的、神奇的、有趣的书的世界。这个故事非常形象生动地向孩子们展示了各种各样的书。有好笑的书，恐怖的书，有童话、有儿歌，有厚厚的书，还有薄薄的书。这么多可爱的书，一定会让孩子们对书的世界产生直观的理解，也会启蒙他们对书的热爱。

《小猫头鹰》/ 马丁·韦德尔（文），派克·宾森（图）

这本书围绕着小猫头鹰在和妈妈分离后的心情变化展开。当小猫头鹰发现妈妈不在家时，起初害怕焦虑，不过也在不断思考妈妈去干什么了，以此化解自己的焦虑,当妈妈回来之后,他们表达了对妈妈的爱。整个故事温暖而富有智慧,不仅描绘了小猫头鹰等待妈妈时心情的变化,还反复强调小猫头鹰特别会"想"的特点,突出了他们用自己的聪明才智化解困境的特点。这个故事采用了重复性的情节,在重复的情节中又有一些变化,能够满足喜欢反复阅读的幼儿的心理特点,而且,重复的情节可以让幼儿更轻松地融入阅读过程中,进而增加对故事的理解和阅读的乐趣。

《猜猜我有多爱你》/ 山姆·麦克布雷尼(文),安妮塔·婕朗(图)

在这个故事中,大兔子和小兔子相互表达着对彼此的爱,它们比较爱的大小和多少,也在这样的比较中,享受着彼此陪伴、相依相偎的睡前时光。这是一个温暖的故事,非常适合亲子共读。在共同的阅读中,读故事的大人和小朋友都会为故事中温暖的感情所感动和吸引。或许也会为故事中的内容所启发,而玩一玩"说说我有多爱你"的游戏,从而让阅读活动不只是停留在智慧层面,也走向心灵的层面。

(王玉撰写)

【案例4】对父母失望的孩子

案例介绍

轩轩是一名小班男孩，3岁9个月。轩轩爸爸是一名证券公司经理，平日工作比较繁忙，妈妈在银行系统上班，经常加班。轩轩、爸爸妈妈和爷爷奶奶同住在一个屋檐下，通常由爷爷奶奶接送轩轩。老人年龄比较大，对活泼的轩轩比较宠爱。可是爷爷奶奶暂时回老家的这段时间，只能由轩轩的爸妈轮流接送。

情景一：下过雨的傍晚，恰巧是幼儿园离园时间，爸爸来接轩轩离园。轩轩抬头发现了空中的雨后彩虹，惊喜地叫着："爸爸爸爸，你快看彩虹……"爸爸正在开车门，同时还忙不迭地查看着手机，头也没抬地对轩轩说："赶紧上车，回家了。"轩轩恋恋不舍地看看彩虹，再看看已经上车的爸爸，眼泪不知不觉从眼眶中涌出……

情景二：老师要组织一个叫作"爸爸妈妈陪我做玩具"的活动，这是个亲子互动的活动，主要目的是希望家长在家里和孩子们一起动手完成一个小玩具的制作，在制作的过程中，增进亲子关系。班里陆续有小朋友带来了和爸爸妈妈一起完成的玩具，特别自豪地跟老师和其他小朋友介绍："这是我和爸爸妈妈一起折的纸飞机。""这是我和爸爸一起做的手枪。"……轩轩心里很失落。回到家，轩轩和爸爸妈妈说："爸爸妈妈，我们一起做玩具吧，小朋友们都有，我没有。"妈妈说："好啊，可是今天太晚了，明天再做吧！"就这样一连拖了好几天，玩具还是没有做。临近截止日期，妈妈经不住轩轩的反复追问，只能给轩轩买了个小玩具，应付了事。第二天在活动中，小朋友们分享着和家长一起做的玩具，轩轩看着其他小朋友手工制作的玩具，再看看自己手中的玩具，委屈地哭了……

情景三：万圣节的前一天，老师叮嘱小朋友们："小朋友们，明天有万圣节活动，别忘记带着自己的装扮来幼儿园哦！"离园时，轩轩的妈妈来接他，轩轩冲出去就问："妈妈妈妈，我要扮演的勇士的宝剑买了吗？"轩轩妈妈说："哎呦，宝贝，妈妈忘记了。"轩轩大哭了起来，边哭边说："你又忘记了，你什么都想不起来，我不要……"

案例分析

该问题的本质是孩子没有被父母耐心倾听和陪伴因而产生失望的感受。曾经看到过这么一段话："倾听花开的声音，我们能读懂花儿的心思；倾听溪水的歌声，我们能读懂山林的呼吸；倾听孩子的心声，我们能走进孩子的心灵。"每一个孩子的内心都描绘着不同的天堂！倾听作为一种交流行为，是言语沟通的基本前提。它不但是人们获取信息的重要途径，而且也是人们交流思想、情感的有效方式，对人际交往起着重要的作用。

家长的倾听是指在与儿童互动中，家长以真诚的态度认真听取儿童的各种表达（言语表达和非言语表达），尊重和理解儿童，并对儿童表达的各种想法或疑惑作出及时且恰当的反馈。对于幼儿来说，他们对周围的世界还保持着本能的好奇和探索，但受制于语言发展和学习能力有限，他们更愿意依赖成人的帮助来达到认识世界的目的。《3—6岁儿童学习与发展指南》中指出:"幼儿的语言能力是在交流和运用的过程中发展起来的。应为幼儿创设自由、宽松的语言交往环境,鼓励和支持幼儿与成人、同伴交流,让幼儿想说、敢说、喜欢说并能得到积极回应。"由此可见,在陪伴幼儿成长的过程中,家长一个很重要的任务就是学会倾听和回应幼儿的各种问题,在互动中帮助幼儿发展口语交流的能力、人际交往能力、理解他人和判断交往情境的能力、组织自己思想的能力。如果在这一阶段,幼儿没有被成人耐心倾听、回应,那么幼儿可能会逐渐失去使用语言进行交流的兴趣,同时,也会影响其认识和探索周围世界的好奇心,久而久之,会影响幼儿各方面的发展。

1. 父母没有花足够的时间陪伴和倾听孩子。

通过背景信息可看出,轩轩的父母是双职工,而且工作单位都是经常加班、竞争很激烈的金融行业,可以想象其日常工作的辛苦和繁忙程度。在这样高压的工作环境下,父母难得有充裕的时间来陪伴孩子。下班后短暂的亲子时光,父母也会因为精力不足或体力不支而倾向于选择相对轻松的陪伴方式。在案例中,爸爸接园时匆匆回家的态度,父母因为时间太晚而取消一起做玩具的活动,妈妈总是忘记要给轩轩买的东西……这些都表明,父母在时间有限的情况下,把更多的精力放在了工作方面,而对家庭特别是轩轩的内心需求关注不够,导致轩轩对父母越来越失望,这种情况不但影响了亲子关系,也进而影响了轩轩在幼儿园的各种表现。

2. 父母没有意识到倾听和陪伴对孩子成长的重要性。

很多父母想当然地认为,孩子入园后,教育的任务就由家庭转向了幼儿园,父母只要做好后勤保障,提供衣食无缺的生活环境,提高家庭的经济基础即可。殊不知,不管孩子成长到什么时候,家庭教育永远是不可替代的,尤其对孩子的性格发展极为重要。幼儿园只是社会化的启蒙地之一,特别是对于像轩轩这样小班的幼儿来说,他们在幼儿园所习得的各种新知识和新技能,都依赖于在家庭中实践和完善,而父母则是促进儿童成长最好的辅助者。

对幼儿来说，身边有一个好的倾听者和陪伴者，对其成长大有裨益。好的倾听可以帮助幼儿将内心的需要表达出来，也可以让成人看到幼儿心中蕴含的潜能。耐心的倾听和有技巧的回应不仅可以促进幼儿语言的发展，还能让幼儿体验到被尊重和价值感，并在这个过程中也学会去尊重和倾听别人。

专家建议

《3—6岁儿童学习与发展指南》中指出，成人要多给幼儿提供倾听和交谈的机会，引导幼儿学会认真倾听，要耐心倾听幼儿的讲话，为幼儿创造说话的机会并体验语言交流的乐趣，每天有足够的时间与幼儿交谈，谈论他感兴趣的话题，询问和听取他对自己事情的意见等。尊重和接纳幼儿的说话方式，无论幼儿的表达水平如何，都应认真地倾听并给予积极的回应。

具体对策：

1. 父母要努力平衡好工作和家庭的关系。

尽管工作繁忙，日程紧张，父母还是应该努力安排出与孩子相处的家庭活动时间。比如每天睡前一小时，每个周末至少有一天等。在家庭活动的时候，尽量做到心无旁骛地陪伴孩子，而不是"人在心不在"地敷衍孩子，比如，有的父母表面上是陪孩子玩儿，实则一直在看手机，看电视，忙自己的各种事。父母要从认知上明白，陪伴孩子的成长，这不仅仅是身为父母的责任和义务，更重要的是，这是培养亲情、建立良好亲子关系的重要途径。父母的言传身教对孩子的成长举足轻重，父母对待孩子的态度会影响孩子对待他人的态度。如果孩子在小时候能得到父母温柔的对待、耐心的倾听、良好的陪伴，那么，孩子就会发展出对他人基本的信任，对自身价值的确认以及对外部世界的兴趣。因此，为人父母，再忙碌也不能忽视孩子内心的需要，努力提高陪伴的质量，做一个好的倾听者。

2. 父母要学会倾听和陪伴孩子，与孩子共同成长。

事业型的父母往往有着更强的学习能力和实践能力，不妨把事业的上进心稍微放一些在育儿方面，学习如何成为更好的父母。最好的教育是自然教育、本真教育。这意味着教育者跟随着被教育者的心性而走，不强迫、管束、控制和过多干预，而是顺势而为、顺其自然，尊重被教育者自身的成长规律和原本的样子，这样的教育方能挖掘出被教育者自身最大的潜能，助其成长为真实的自己。倾听和陪伴则是实现自然教育最根本的前提。家长只有倾听才能了解孩子内心最真实的需求和最迫切的声音，只有陪伴才能最大程度地尊重孩子成长的步伐。繁体字的听为"聽"，寓意为：用最强的耳朵，十只眼睛，一心一意，方为"聽"。由此可见，倾听也是一项技术，一种能力。落实到具体的生活中，家长应该努力做到主动地去听，鼓励孩子多表达。全面地去听，而不是只听取符合自己心中的答案。准确地去听，全身心、真诚与孩子进行互动和交流，努力去了解他们真实的感受和想法，而不是敷衍了事。父母要学会"倾听"孩子的内心，从孩子的外在行为中发现内在的需求并给予满足。及时给予孩子适当的鼓励，帮助孩子树立自信心。懂得与孩子一起发现身边的美好事物，为孩子提供安定美好的环境，从生理和心理上给予孩子安全感。

做法举例

接园时，爸爸妈妈主动询问轩轩一天的生活情况："今天发生了什么有趣的事情呢？"当轩轩高兴地把自己的作品拿给爸爸妈妈看时，父母接过作品，开心地欣赏着，并让轩轩介绍作品内容，希望回家后能跟轩轩再一起创作。

爸爸在跟轩轩相处的时候，努力做到一心一意，也从中感受到天伦之乐。现在的爸爸可以痛快地放下手机，暂时抛开身边事务，共同体验、享受孩子发现的惊喜。比如,爸爸跟轩轩一起欣赏小区里漂亮的花,回到家里后一起上网查了花的名字和养殖方法,决定一起种一盆属于轩轩和爸爸的花。

资源链接

《爸爸变成了玩具熊》/ 金淑英

被韩国文化体育观光部指定为优秀教养图书,荣获德国国际青少年图书馆白乌鸦奖。这是一本运用特殊视角讲述父爱和陪伴的绘本,讲述了玩具熊与疏于陪伴孩子的爸爸互换身体而引发了一番"骚乱"。一贯下班就躺着看电视的爸爸与玩具熊互换了身体。变成了玩具熊的"爸爸"亲眼目睹"假爸爸"每天早早下班,陪孩子踢球,给孩子洗澡,给孩子庆祝生日。看着一家人其乐融融、幸福快乐的样子,爸爸幡然悔悟,最终与玩具熊换回身体。

《停电以后》/ 约翰·罗科

美国纽约,一个普通的夏日夜晚,闷热、喧闹、忙碌,在一个四口之家,每个人都忙着自己的事:妈妈在加班,爸爸在做饭,姐姐和朋友煲电话粥,而我们故事的主人公小妹妹,却感到好无聊。忽然,停电了……爸爸妈妈,姐姐妹妹,被这突然的意外打断,放下了手中的事。他们忽然发现,原来在停电以后,有这么多事情可以做,彼此之间可以这样简单快乐地交流……

《威玛的愿望》/ 弗兰齐斯卡·毕尔曼(图),保丽·弗劳特维尔(文)

威玛想要一个更美的名字。她希望爸爸妈妈总有时间和她一起玩儿。她哥哥是一个"生气世界冠军",她更愿意有一个双胞胎姐妹。威玛有很多愿望。但是,所有的愿望不一定都能实现。

(张雯撰写)

【案例5】爱"搞破坏"的孩子

案例介绍

丁丁,男,3岁10个月。性格外向,喜欢探索新鲜的事物,在妈妈眼里很淘气,经常被妈妈批评和训斥。丁丁的爸爸常年在国外工作,妈妈是私企主管,平时丁丁多由保姆照料。

案例呈现

情景一:洗澡的时候,丁丁发现浴缸里的水能在自己的手一圈圈的转动中出现大大的"漩涡"。他兴奋地重复"搅水"的动作,水花溅在一旁给她洗澡的妈妈身上,浴室里到处都是水。妈妈生气地对他说:"你怎么这么淘气,洗澡就要安安静静地洗,别玩水了!"

情景二:周末阿姨带着丁丁去小区玩。丁丁发现小区的花园里有很多漂亮的石头,于是偷偷捡起来放在自己的口袋里,不一会儿就装得满满的。回到家，他把小石头当宝贝放在自己的枕头底下。晚上睡觉的时候妈妈发现了，生气地喊道："丁丁，你看你把床弄得脏死了，都是泥巴！吃到嘴里咽下去怎么办？"一下子把丁丁辛苦捡来的小石头都扔到垃圾桶里去了，丁丁难过地低着头不愿意说话。

情景三：爸爸出差很久终于回来了，丁丁很高兴，因为他特别喜欢爸爸的手机。趁爸爸去书房看书的时候，丁丁拿着爸爸的手机玩了起来，屏幕上许多有趣的按钮让他兴奋不已。突然听到一声呵斥，爸爸看到玩手机的丁丁，生气地说："谁让你动爸爸的手机了，玩坏了怎么办？赶紧放下！"丁丁生气地小声说："爸爸是个小气鬼！"

案例分析

3～4岁儿童的思维发展正处于直觉行动思维阶段，"淘气""搞破坏"是好奇心的典型表现，是处于该年龄阶段儿童的正常行为。

所谓直觉行动思维，是指依靠对物体的直接感知和动作进行的思维。直觉行动思维其实就是"手和眼的思维"，也就是儿童依靠感知和具体行为来认识世界。直觉行动思维的外在表现就是在好奇心的驱动下，通过触摸、观察和实践的方式认识世界，探索学习。

爱因斯坦就曾说过："我没有特别的天赋，我只有强烈的好奇心。"好奇心是儿童学习的内在动力，强烈的好奇心是创造性人才和高创造力人才所具有的鲜明的个性特征之一。同时，好奇也是衡量个体心理健康的标志之一。

在这个案例中，父母的问题在于：

1. 父母不了解此阶段儿童的学习方式。

案例中的丁丁正是处于直觉行动思维阶段，感知和具体行动是这个阶段儿童的思维工具，是他们认识世界的方法和手段，活动过程就是他们的思维过程。丁丁通过重复"搅水"的直接行动，利用自己的感觉器官（包括手、眼、耳等），调动感知觉（包括触觉、视觉和听觉等），学习和探究"水"的属性和运动规律。玩爸爸的手机，也是类似的探索和学习。这个过程实质上是儿童学习和思考的过程，这种直觉行动思维的直接表现就是"玩"，但一些家长往往因不了解儿童的学习方式而将"玩"的行为视为调皮、捣蛋或淘气。丁丁父母不了解儿童的学习方式，只是从成人的角度刻板地看待丁丁的行为，用简单粗暴的方式喝止丁丁的探索。

2. 父母不了解儿童的好奇心。

好奇心是引导儿童学习的良师。英国教育家洛克把儿童的好奇心看作是一种追求知识的欲望，是自然界赋予他们去除无知的工具。美国心理学家马斯洛认为，儿童天生具有好奇心，好奇心的满足是主观上的满足，学习和发现未知的东西能给个体带来满足感和幸福感。同时，好奇心与创造力有着紧密的联系。有关研究还发现：不同父母教养方式下幼儿好奇心存在较为显著的差异。温暖、充满理解的民主式家庭教育的方式促进了孩子好奇心、求知欲、自信心的发展。

因此，家长应该保护儿童的好奇心，为儿童创造安全的环境，鼓励儿童积极探索。丁丁玩水、捡漂亮石头、玩手机的行为正是儿童好奇心的体现，父母不要简单地打压孩子的好奇心，注意引导孩子在安全前提下进行探索。

专家建议

《3—6岁儿童学习与发展指南》中指出：成人应"以欣赏的态度对待幼儿，注意发现幼儿的优点"，"幼儿做错事时要冷静处理，不厉声斥责，更不能打骂"。父母应多了解并尊重儿童的身心发展规律，尊重儿童，给儿童提供安全的环境，鼓励儿童大胆探索，多带儿童走进大自然，满足和保护好儿童对世界的好奇心，并给儿童提供合适的空间存放自己的物品。

具体对策：

1. 父母应以积极的心态接纳儿童的"破坏"行为。

为人父母是与孩子一起成长的过程，这个过程要求家长重新审视自己，并进行自我教育。家长要调整心态，以积极的、欣赏的和开放的眼光看待孩子，相信孩子并不是故意在"搞破坏"。了解孩子"玩中学"的特点，理解儿童"破坏"行为的出发点，和儿童一起探索发现。家长要学会控制并调节自己的情绪：等一等，看看儿童为什么这么做；问一问，听听儿童这么做的原因；之后在尊重和理解儿童的基础上耐心引导儿童。

2. 给儿童提供安全的探索环境。

家长可以为儿童提供安全的环境，满足儿童探索学习的需要。比如喜欢玩水，可以和儿童商定在卫生间固定地点玩（如浴缸、水池），事先讨论好玩水应遵守的规则（如不把水洒到浴缸外等），其他方面家长则不要多限制儿童。带儿童走入大自然，为其提供多观察、多体验的机会；让儿童参与生活实践，并给予其简单的任务。比如一起做饭时让儿童负责择菜，洗衣服时让儿童负责晾晒等，为其提供多动手的机会。家长还可以为儿童准备小盒和其他容器，专门放置儿童捡回来的石子、树叶等物品。也可以和儿童一起制作存放物品的容器，分类放置捡回来的"宝贝"。

3. 引导幼儿大胆探索。

为儿童提供足够的机会观察和操作。在观察和操作中，家长应鼓励儿童提问，并利用机会给儿童讲解，如儿童有需要，还可以与儿童一起查找资料进一步深入了解。家长通过学习正确的育儿理念，积极引导幼儿大胆探索，保护好孩子的好奇心。

做法举例

丁丁的父母明白儿子的淘气行为其实是一种学习后，理解了儿子的很多做法，并开始和丁丁一起发现"新奇"的事情，在院子里"探险"寻找不同种类的植物。丁丁和父母有了更多一起玩的机会，亲子关系更融洽了。

丁丁的妈妈专门给儿子准备了一个抽屉，让丁丁把自己喜欢的物品放在里面。丁丁每天都有新收获，妈妈也不再嫌丁丁脏了。

丁丁的妈妈参加了育儿论坛，有机会就去听育儿讲座，和幼儿园老师交流心得，对丁丁越来越理解，也更愿意抽出时间陪儿子了。

资源链接

"好奇的乔治"系列（全8册）/玛格丽特＆H.A.雷

这套书热销七十年，译成二十多种语言文字，征服了一代又一代的读者。

"这是乔治。乔治是一只可爱的小猴子。他总是对什么都很好奇"，这是这个系列故事的开场白，乔治是一只生性好奇的小猴子，不仅对什么都好奇，而且还总是想要把好奇的事搞明白，所以总会因为好奇而"闯祸"。但由于他的善良与机智以及故事中如"黄帽子叔叔"等大人们的理解和包容，每次都会有一个很温暖的结果。

《别再多管闲事了，波兹！》/尼考拉·格兰特（文），蒂姆·沃纳斯（图）

波兹是一只好奇的小猪，总会问一些让其他小动物"尴尬"的问题，比如问母鸡："下蛋的时候疼吗？"小动物们都让他别再多管闲事了，但最后恰恰是因为波兹的好奇和勇敢"管闲事"才救了小牛。

国内出版社对该绘本的推荐词能帮我们更好地理解好奇心和儿童成长的关系："好奇心是一颗躁动不安、跃跃欲试的种子，它需要宽容的土壤，它需要爱抚的和风，它需要滋养的细雨，它还需要赏识的阳光。当这一切都拥有了之后，这颗躁动不安、跃跃欲试的种子便会以不可思议的生命力幸福地成长起来，最终开出灿烂的幻想之花，结出繁硕的创造之果。"

《假如我是一个大人》/ 伊娃·杰尼科维斯基（文），纳素·赖博尔（图）

  该绘本获得博洛尼亚国际童书展最佳童书奖、捷克布尔诺国际图书和插画展大奖、德国年度童书奖、冰心童书奖等。这是一个关于小朋友幻想成为大人后的故事，也是一个小朋友希望得到大人理解的故事，更是希望大人可以和自己一起疯玩的故事，适合每一位父母和孩子一起读，并且一定会一起笑出声……

（贾维撰写）

【案例6】总是受伤的孩子

案例介绍

笑笑是一个4岁的小男孩,目前上幼儿园小班。笑笑的爸爸任职于某管理顾问公司,平时工作非常忙,每天早出晚归,很少能陪伴笑笑。笑笑出生后,妈妈就辞去了工作,做了全职妈妈,笑笑的所有生活起居都是妈妈照料的。

妈妈对笑笑的照料十分细致,总是怕他受伤,上幼儿园之前很少放手让他自由活动。在幼儿园经过一个学期的小班生活后,笑笑已经喜欢上了幼儿园生活,在班里他喜欢和好朋友们一起玩拼插玩具,户外活动时喜欢和好朋友们一起玩游戏。笑笑最喜欢和小朋友一起追逐奔跑,只要是释放性的游戏,每次都玩得不亦乐乎,每次老师请小朋友收玩具或回班的时候,笑笑都恋恋不舍。

情景一:一天,笑笑和小朋友一起玩,不小心摔了一跤,腿上有轻微的淤青,笑笑没有哭,回到班级继续上课。老师通知妈妈后,妈妈很不高兴,说笑笑体能本来就不太好,平时就害怕摔跤,并告诉老师让班级里其他小朋友离笑笑远一点,宁可不参加游戏也不能让孩子摔跤。

情景二：一次户外活动，笑笑不小心将自己的胳膊蹭破了皮。晚上笑笑妈妈来接园的时候，老师与她沟通笑笑受伤的经过，妈妈的脸色又变得很难看，全身紧张，老师话还没说完，她就迅速带笑笑离开了。

回家以后，妈妈很生气地训斥笑笑："告诉你不要在幼儿园里跑，你怎么这么不听话！"

晚上笑笑自己玩玩具，妈妈一直在生气。

情景三：一段时间以后，笑笑变得不再喜欢和小朋友玩，大家玩游戏的时候他就在一边呆呆地坐着，什么游戏也不再参加，他的好朋友叫他一起玩，他也不去。老师问他："笑笑，你怎么不和你的好朋友一起去玩呢？"笑笑回答说："妈妈告诉我了，在幼儿园不能跑，跑就会受伤。老师，为什么我总是受伤？……"

案例分析

该问题的本质在于笑笑的妈妈对孩子过度保护。

"过度保护"是指家长总是自觉不自觉地向孩子提表面上需要实际上应该被限制的要求，或者家长们向孩子提供根本不需要的关怀和帮助，使孩子的身心无法得到健康的发育成长，难以拥有独自解决处理问题的权利。案例中，笑笑的妈妈自笑笑出生起便辞职在家抚养孩子，在抚养过程中，对孩子的照料十分仔细，对孩子的安全十分关注，从而形成了过度保护。

在我国，目前多数家庭的孩子仍为独生子女，家长们处处格外小心，生怕孩子出问题。笑笑的家庭也是这样，笑笑妈妈的这种心态会不由自主地溢于言表，所以才会说出"不要在幼儿园里跑"，"宁可不参加游戏也不能让孩子摔跤"等话。我们常会听到家长警告孩子"不要动那个，有危险"之类的话，孩子只要有一点冒险行为，家长就会很紧张，不断地提醒孩子要小心，在这样的过度保护之下，孩子会变得越来越胆小，甚至退缩。

过度保护有两种表现形式：一是包办代替。例如，很多父母过于小心，生怕孩子吃不好、穿不好，对孩子百般侍候；父母双方的长辈更是不甘落后，捧星星、捧月亮，围着孩子团团转。孩子在家饭来张口、衣来伸手，什么也不需要做。往往是孩子刚说口渴，大人已经拿出水杯，拧开盖子，小心翼翼地把温度适宜的水送到孩子嘴边；发现鞋子的粘扣散开了，还没等孩子弯腰，大人已经蹲下去帮孩子扣好了……二是过度干涉。好奇是孩子的天性，是驱使儿童去认识世界的动力，也是儿童成长的第一步。但是儿童好动，难免会有危险，很多家长因怕孩子受到伤害而采取过分的保护措施，为了孩子的安全，处处干涉、限制孩子的活动。例如，怕地上不卫生，总是将孩子抱在怀中；怕弄脏衣服而拒绝让孩子游戏；怕摔倒受伤而不让孩子骑自行车；担心有碎玻璃会伤到脚而禁止孩子在沙滩上脱鞋；教孩子绝对不要跟陌生人说话……对孩子的过度保护，实质上就是对孩子的过度限制。案例中笑笑妈妈的做法就属于这种过度保护形式。

同时，过度保护也不利于孩子个性的发展。研究证明，过度保护会使孩子依赖性太强、人际交往能力差、缺乏自信心、自理能力差、胆小、肢体灵活度差等。看似小事的"不会自己吃饭""不参与小朋友的各种活动"，都会使孩子产生心理负担，觉得自己处处比别人差，不能融入同龄人中，渐渐失去自信心，对什么都提不起兴趣。过度保护，使孩子缺少了成长过程中的磨砺，容易造成孩子的软弱闭塞、胆怯无能，并逐渐养成胆小怕事的性格，同时使孩子和社会之间竖起了一道墙，孩子在无形中远离了社会，长大以后就会难以适应社会。

案例中，笑笑因为妈妈的过度保护，阻碍了独立性的发展，导致经验不足，从而感到自卑并害怕挑战，所以才会出现情境三中的退缩行为。长期处于过度保护下的儿童，会出现到了该长大的年龄却总是让人觉得他长不大，到了而立之年，凡事仍不能自立，没有长辈陪在身边就惶惶不可终日的现象，有人把这样的人称作"30岁儿童"。造成这种现象的原因正是抚养者长期的过度保护，导致个体社会经验和生活经验的欠缺。

专家建议

《3—6岁儿童学习与发展指南》中指出，对幼儿的尝试与努力给予肯定，不因做不好或做得慢而包办代替；鼓励幼儿自主决定，独立做事，增强其自尊心和自信心；结合生活实际对幼儿进行安全教育。

1. 适当放手，给孩子在挫折中成长的机会。

父母在孩子成长过程中，需要给予适度保护，可是，却不能替孩子消除所有安全风险，不能因做家务可能切伤手，就不让孩子做家务，不能因体育运动、户外活动可能受伤，就不让孩子进行体育锻炼，限制孩子外出、郊游，这不是"保护"，而是以"保护"为名的因噎废食、"圈养"，剥夺了幼儿自主学习的机会，影响其主动性、独立性的发展。笑笑妈妈告诫"宁可不参加游戏也不让孩子摔跤""在幼儿园不能跑，跑就会受伤"，不让笑笑和小朋友们玩耍，禁止他的户外活动，使他失去了在运动中学习如何保护自己的机会，其后果就是他不知道自己运动的安全界限在哪儿，也无法体会运动时的乐趣。

2. 调整沟通方式，尊重孩子的自主选择权。

在孩子的探索中，家长的欣赏与鼓励永远是孩子有力的支持。对孩子一时的得与失不要太过苛求，而要将爱心变成诚心与耐心，陪伴孩子在坎坷的成长道路上一路向前。笑笑在户外活动时受伤，妈妈没有关心他的感受，反而因为他在幼儿园里跑批评了他，这阻碍了笑笑的自主选择，之后他会认为只要不听妈妈的话，他就会不开心，从而限制了他的成长。当孩子做错选择时，不要急于批评，应以平静的态度先稳住孩子，再鼓励孩子，帮助他找到问题的根本原因，陪伴他解决问题。

具体对策：

1. 家长要理智地分析自己的行为，学习放手让孩子逐步学会独立。

家长要调整自己的心态，如果有过度保护的心理和言行，就要进行自我调节、走出误区，因为家长的勇气最能感染孩子，只有家长适当放手才能培养出勇敢的孩子。实际上,许多过度保护自己孩子的父母是很难认识到自己正在过度保护孩子的,他们认为"别人也都这样做",自己这样做是为了孩子健康地成长。但是,某一个瞬间,他们感觉到自己在过度保护,可能会产生"从现在开始你自己看着办"的想法,突然什么也不帮了,这显然也不是一个明智的处理方法。孩子的独立能力不是一天两天就能养成的,必须是循序渐进式的。因此,父母要适当制造机会让孩子学习,多给孩子适度的探索空间,使其逐步学会独立地面对事情。

2. 既要有适当的奖励,又要有必要的批评。

当孩子胆怯时,家长不要急于勉强孩子,而应以平静的态度先稳住孩子,再鼓励孩子要自信、不要怕,这样做才能让孩子变得越来越勇敢。及时而明确地告诉孩子,他做得很好,会让孩子继续在挫折中努力前行。但是这个过程中也要有必要的批评。比如当孩子总是依赖父母不愿意自己动手的时候,家长要及时地批评教育孩子,告诉他:"为什么你不自己试试呢?"

3. 要帮助孩子建立危机意识,学习保护自己的方法。

社会存在各种危险因素,家长应该帮助孩子建立危机意识,但更重要的是教会孩子在面临危险时知道该如何应对,只告诉孩子不要接受陌生人的糖果或遇到火情时不要直冲等是不够的。

家长必须向孩子具体说明遇到危险时该怎么做和不该怎么做。比如,"你到了一个商场,由于人多,你走丢了,这时候你应该怎么办呢?可以向在这个地方工作的人员寻求帮助";"假如你的小伙伴落水了,你该怎么办呢?不能盲目地跳下去救他,而应该赶紧喊周围的大人。我们一定要学会保护自己,在保护自己的前提下再去救人……"

做法举例

笑笑妈妈亲自去幼儿园参与并观察笑笑的户外活动,放手让笑笑多与小伙伴嬉戏玩耍。玩耍过程中孩子难免摔倒或磕绊时，笑笑妈妈能够忍住对儿子的心疼，不去批评指责他，她发现其他孩子会提醒儿子做游戏时的安全注意事项，在接下来的游戏中孩子们也会照顾受伤的儿子。回家后妈妈告诉笑笑游戏中摔倒是难以避免的，关键是摔倒后应该怎么做。笑笑主动学习户外活动的安全知识，他在户外活动中很少受伤了，在游戏中还会提醒其他孩子注意安全。

笑笑妈妈每次带着笑笑出门都尽量步行，有时也会带着笑笑在家里做一些简单的运动。笑笑的身体素质逐渐提高，在做游戏时自己也不容易受伤了。笑笑可以尽情地跑跳了。

资源链接

"幼儿安全教育图画书"（套装共4册）/毛艺霏

"幼儿安全教育图画书"包括《幼儿园不是冒险岛》《警惕！家里的潜在危险》《出去玩，要当心》《大声说不要》四册。

《幼儿园不是冒险岛》介绍幼儿园里可能遇到的危险情况，让孩子意识到在做游戏时，上课时，不做危险的举动；在喝水、吃饭时，要注意卫生。

《警惕！家里的潜在危险》介绍孩子独自在家或不在家长视线范围内可能发生的危险情况，让孩子知道哪些地方有危险不可以去，哪些物品不可以随便碰。

《出去玩，要当心》介绍了乘坐交通工具，去大型商场乘坐电梯，去游乐场、动物园游玩等容易发生的危险情况和应对措施，让孩子玩得安心。

《大声说不要》让孩子对陌生人提高警惕，不可以跟陌生人走，接陌生人送的物品；知道自己的身体珍贵，不可以让人侵犯；对那些不怀好意的坏人，要大声说"不要"。

"多纳儿童安全教育绘本"（套装共6册）/ 黄清春，郭雅倩，曾芳

"多纳安全教育绘本"共分《多纳快回家》《"鳄鱼大王"历险记》《热狗狗去哪了》《好叔叔，坏叔叔》《我想当大英雄》《当心！饼干兔》6本，每本一个场景，讲述该场景中的安全事故和防范措施。

《多纳快回家》主要讲交通安全问题。通过多纳和面包棍鳄鱼在放学路上的经历，告诉孩子怎样过马路、不在路上追逐打闹、不踩井盖、远离路边停靠的汽车等安全常识。

《"鳄鱼大王"历险记》主要讲居家安全问题。通过面包棍鳄鱼和汉堡猫在家里玩耍的过程，告诉孩子不要把身体探出窗外、不进厨房、不玩锋利物品、不乱吃药、不碰开水、不爬高、不玩电等安全常识。

《热狗狗去哪了》主要讲外出郊游的安全问题。通过热狗狗去郊游的故事，告诉孩子乘车要系安全带、不把头手探出车窗、牢记老师电话、不乱跑、如果迷路该如何求助、不采食野外的东西等安全常识。

《好叔叔，坏叔叔》主要讲陌生人安全问题。通过饼干兔、汉堡猫和陌生叔叔的接触，告诉孩子，在爸爸妈妈不在场的情况下不要和陌生人说话、不要吃陌生人给的东西、不要跟陌生人走、背心裤衩覆盖的地方不能摸、如果被陌生人带走该如何求助等安全常识。

《我想当大英雄》主要讲幼儿园安全问题。通过橡果鼠在幼儿园活动课上的表现，告诉孩子不要用危险动作玩游乐设施、不要轻易出幼儿园、不要爬树、不要吞异物等安全常识。

《当心！饼干兔》主要讲游乐场安全问题。通过饼干兔在游乐场的一天，告诉孩子玩游乐设施的时候要抓稳坐好、要系安全带、要紧跟父母、不要轻易逗弄陌生的动物、如果和家长走散了应该如何求助等安全常识。

"多纳安全教育绘本"创造性地采用了让小读者自主决定故事发展的形式，让孩子更加深刻地了解一些危险动作的后果。"多纳安全警告"也是该系列绘本的一大亮点，重要的短语都以醒目的红色字呈现，让孩子对正确的安

全行为加深记忆。"多纳安全教育绘本"每本书的最后,都有一页安全小游戏,帮助孩子巩固所学到的安全知识;"家长阅读指南"则为家长提供了各种条件下潜藏的安全隐患和应对措施,让家长和孩子共同成长,成为安全达人。

(王鹏撰写)

【案例 7】"不知该听谁的"的孩子

案例介绍

洋洋,男孩,4岁,上幼儿园小班。和爷爷奶奶、爸爸妈妈生活在一起。平时都是爷爷奶奶照顾洋洋,爸爸妈妈主要在下班后和周末陪洋洋。不过爸爸妈妈工作比较忙,大多数时间还是和爷爷奶奶在一起。

情景一:洋洋白天在幼儿园和一位小朋友发生了冲突。他们两人都想看一本图画书,但是那位小朋友抱着书就是不给洋洋,洋洋一生气把那位小朋友推倒了,还打了那个小朋友几下。那个小朋友哭了,洋洋说他活该。这种事情已经发生不止一次了。晚上妈妈接洋洋时,老师告诉了妈妈这件事,并让妈妈好好管管洋洋。快吃晚饭时,妈妈问洋洋:"你今天是不是把一个小朋友推倒了?"洋洋说:"他不让我看书。"妈妈有点生气地说:"你可以和小朋友好好说说,不要推倒小朋友,更不能打小朋友。你不能老这样。"奶奶听到后说:"他和你抢,你就应该和他抢。太老实就会受欺负!"

情景二:周末的一天,洋洋在屋子里大喊:"我渴了!我渴了!我的杯子呢?我的杯子呢?"爷爷听到后赶紧跑过来说:"来来来,爷爷给洋洋拿杯子。"妈妈对洋洋说:"洋洋,妈妈都和你说了多少次了,你自己的杯子自己拿。要学习自己的事情自己做。"爸爸也跟着说:"洋洋,自己的事情自己做。"爷爷在一边说:"孩子还小呢,爷爷给洋洋拿。爷爷喜欢给洋洋拿杯子。"奶奶听后也说:"就是,还小呢。没事儿,来,奶奶给你拿。你坐这儿等着。"

情景三:妈妈下班回家后,看见洋洋正在吃小零食,有点生气地说:"洋洋,妈妈不是说不能吃小零食吗?小零食不健康,要少吃。"洋洋说:"奶奶给我买的。"妈妈对奶奶说:"妈,我不是和你说过了,不要给洋洋吃那么多小零食!"奶奶说:"我没给他吃那么多啊。刚才去超市,他想吃,我就给他买了一袋。就一袋。"妈妈说:"能不买就不买,能不吃就不吃。这些零食里面都是添加剂。"奶奶说:"哪那么多讲究,吃一点没事,外面的小孩儿都吃呢。再说了,你们小时候我们什么也没管,不也长大了,长得也挺好的嘛。"妈妈有点不耐烦地说:"现在什么时候,以前什么时候?这都快吃晚饭了,吃了零食还能吃下去饭?"然后,妈妈有些生气地对洋洋说:"洋洋,赶紧放下,洗手吃饭去!"

案例分析

从洋洋的案例里可以清楚地看出爷爷奶奶和爸爸妈妈的教育方式、教育理念存在明显的分歧,而且,这种分歧在洋洋面前直接呈现了出来。根据皮亚杰提出的道德发展理论,学前儿童在规则学习方面具有一种明显的思维模式,即认为规则只有一种,且应恒定不变。除此规则之外,其他方式均不正确。学前儿童对规则的这种唯一态度与其认知发展水平相关。随着儿童逐渐长大,认知水平逐渐提高,他才能更好地理解规则的可变与不可变性。

而洋洋的家庭成员在处理各种问题上的态度明显不一致,对究竟什么是正确的"规则"没有形成一致意见。不同家庭成员提出的"规则"明显不同，会给处于学前期认知发展水平的洋洋带来认知负担，造成消极影响：（1）洋洋不知道他可以遵循的"唯一"正确标准是什么，因此在处理问题时会感到茫然、不知所措，甚至体验到焦虑、恐惧等情绪。（2）可能造成洋洋喜欢钻空子，父母在时表现一个样，父母不在时表现又一个样，无法形成健康稳定的行为模式。（3）如果爷爷奶奶和父母不能妥善解决冲突，洋洋也会通过模仿学会这种冲突模式，并且无法学到有效解决问题的方法。

那么，洋洋的爷爷奶奶与洋洋的父母之间为什么会出现教育理念与教育方式上的差异与冲突呢？可能的原因包含如下五点：

（1）尽管子女已经长大成人，但爷爷奶奶仍旧把父母当小孩看。特别是在中国传统文化的影响下，孙子对爷爷奶奶具有重要而非凡的意义，因此，爷爷奶奶很容易把孙辈划入自己的掌控范围之下，认为应该由自己说了算。而父母则相对拥有现代思维，认为自己已经长大成人，自己的孩子应该由自己说了算。

（2）爷爷奶奶认为自己有养育孩子的经验，比毫无经验的父母更具有发言权。而父母则可能认为爷爷和奶奶的养育经验已经过时，自己的理念更现代、更科学。两代人在这种想法下体现出的矛盾非常普遍。

（3）父母工作时间长，陪伴照顾孩子的时间短。爷爷奶奶与孩子在一起的时间至少是父母的几倍，因此，爷爷奶奶会认为自己更了解孩子，自己有权利决定如何养育与照顾孩子，特别是在生活方面。

（4）爷爷奶奶的补偿心理。由于时代原因，爷爷奶奶生育时没有机会好好照顾、宠爱自己的孩子。特别是爷爷奶奶生育子女时已经推行独生子女政策，他们宠爱孩子，但自己又没有更多的抚养孩子的机会。因此，当自己孩子的孩子出生时，会产生老来得子的心态，因而更加宠爱孙辈，而较少注重规则。但父母除了宠爱之外，还会更加注重规则的建立。因此，构成双方养育重点的矛盾。

（5）爷爷奶奶在某种程度上可能存在"自卑"心理。他们希望能够继续发挥自己的价值，受到父母的肯定，但遇到父母"不领情"的情况，可能会走向另一个极端，极力坚持自己的主张。而父母也由于没有受到爷爷奶奶的肯定，从而不自觉地与爷爷奶奶"抗争"。换言之，相互冲突的背后是希望彼此得到对方的肯定。

综上所述，家庭成员间养育及教育规则不一致，体现了不同成员对养育和教育的主导权的争夺问题，而主导权争夺的背后又可能与彼此是否被认可有关。

专家建议

隔代教育从本质上说是家庭成员合作解决后代养育的生活问题。有效的合作包括以下特征：一致的目标；统一的认识和规范；相互理解、信赖、支持的氛围。家庭成员可以利用团队合作的思维模式处理隔代教育问题，促使成员间彼此协作，从而顺利、有效地完成幼儿养育任务。

根据上述分析，在处理祖辈或父辈两代人的教育冲突时，建议遵循以下原则：

1. 不要回避问题，不同年代的人，观念存在差异是非常正常的现象，无须感到紧张、不安或愤怒。

存在差异是发生矛盾的基础，但同时也是达成一致、促进相互了解与理解的契机。

2. 祖辈与父辈之间需建立明确的角色分工。

祖辈和父辈都必须明确认识到孩子的养育权归属于父母，祖辈是辅助父母照顾孩子的角色。祖辈不应越权，父辈也不应放弃自己的义务和权利。只有明确了各自的角色与分工，才会降低产生冲突的几率。

3. 祖辈与父辈需要在彼此尊重与认可的前提下，进行差异的探讨，即都需要看到对方做法的合理之处。

祖辈不可对父辈的想法视而不见，父辈也不可对祖辈的想法嗤之以鼻。

冲突的双方通常会认为自己的想法具有绝对的正确性，其实并不然。双方要了解每一方的观点均出自自己的视角，有合理之处也有不合理之处。双方要既能够表达自己的建议，也能够接受对方的建议。

4. 祖辈与父母双方在处理差异时需要放弃"谁是谁非"的争论，而应将孩子的健康成长作为首要原则。

发生矛盾时，矛盾双方往往会脱离问题本身，转变成谁对谁错的争辩。矛盾严重时，还可能演化成对彼此的人身攻击。很多时候，其实无论依照祖辈还是父辈的做法，对孩子都没有很大的危害，对孩子危害更大的反而是两代人之间的争吵与相互攻击。

5. 无论是祖辈向父辈提建议，还是父辈向祖辈提建议，都需要在对对方表示认同的前提下提出，这样才更容易让人接受。

换句话说，要在肯定对方的基础上提出自己的想法。如果本着"我的才是对的""我的才是好的"的态度，会造成对方的抵触。另外，祖辈和父辈双方都可以经常给予对方一些称赞、认可，这样会避免一发表对对方的看法都是负面言论的局面，使得双方的关系紧张。

6. 尽量在孩子不在场的情况下，探讨双方观念的差异，然后以一致的态度对待孩子。

如果无法回避孩子，应该既让孩子看到矛盾发生的过程，也让他看到积极解决矛盾的过程。这样，孩子才能从中学习，了解到发生冲突并不可怕，如何有效地解决冲突才是重要的。否则，孩子会感到生活中充斥着大量矛盾，但又不知道如何解决。这会影响到他对世界的感知，以及他对生活中的问题的应对。

7. 父辈要想拥有更有力的发言权，需要在自己的父母面前展现出更多的成人姿态。

父母需要花更多时间照顾和陪伴孩子，承担养育孩子的责任，也要承担起照顾父母的责任。这些行为可以向祖辈证明自己已经长大成人，有独立思考、独立生活、照顾好孩子的能力，从而减少祖辈因为觉得父辈不够成熟而产生的过多干预，增加自己对孩子养育的主导权。

8. 如果发现问题，建议寻找机会及时沟通，避免双方在心中各自积累不满，最后造成情绪大爆发，对彼此的关系造成损害。

9. 父母的理念应保持一致，这样才更有可能合力影响改变祖辈的观念。

做法举例

一天，洋洋睡着后，爸爸来到爷爷奶奶的房间，说："爸妈，你们最近辛苦了！洋洋长大了，也更活泼爱动了，你们每天接送孩子，还要陪他玩，挺辛苦的。"爸爸这样说，爷爷奶奶有点惊讶。"我本来是想向你们提建议的，但是转而一想，提建议好像是说你们把洋洋带得不好似的。我先得表明立场，我非常感谢你们，也觉得你们把洋洋带得很好，活泼可爱、健健康康的。"爷爷奶奶有些高兴，但又有些担忧，不知道爸爸要说什么。"我就想说我观察到的一个情况。我发现洋洋自己的事情不喜欢自己做，总是喜欢指使大人替他做。你们做爷爷奶奶的非常爱孙子，所以经常替他做，这我能理解。但我也担心他形成习惯。在幼儿园或者以后上小学了，自己的事情老等着别人为他做，不利于他发挥积极主动性。我想到我小时候，那时候你们工作忙，我经常要自己照顾自己，所以学会了很多本事。"爷爷奶奶说："以前工作不允许，没有精力也没有时间好好照顾你。现在有时间了，就想好好把洋洋养好了。"爸爸说："你们这么说我就明白了，你们不是溺爱孩子，是希望尽最大努力把洋洋照顾好。"爷爷奶奶说："那是肯定的。"爸爸说："我担心你们总是给洋洋最好的照顾，造成他在家之外也总是等别人照顾他，不能适应学校的生活。我的想法是，洋洋现在长大了，咱们都鼓励他自己的事情自己做。这其实也是你们爱他的一种方法，就是让他学会自己照顾自己，让他们能够好好适应幼儿园和学校的生活。你们觉得怎么样？"爷爷奶奶说："都习惯了，改起来难。"爸爸说："看来你们还是认同我的看法的。那咱们相互提醒,帮助洋洋更像男子汉。"爷爷奶奶说:"嗯。"爸爸说:"谢谢爸妈,你们早点休息。有你们这么开明的爷爷奶奶,洋洋肯定会越来越好的。"

　　一天,爷爷带洋洋到楼下去玩了,奶奶对妈妈说:"小枫,我这样说你可能不太高兴,我觉得好像我在照顾孩子方面一发表自己的看法你就不太高兴。"妈妈想了想,决定说出自己的真实感觉:"有的时候是有点不高兴,感觉我们都这么大了,你好像还总把我们当小孩子看,老是告诉我们应该这样,应该那样。"奶奶说:"我这不是有经验嘛。"妈妈说:"对。就是这种感觉让人不舒服,好像我什么都不懂。"奶奶说:"我倒没有这个意思。你看,你上的学比我多,见识也比我多,肯定比我懂得多。我有时候就是着急,怕你们不愿意听我说的,所以就好像教育你们似的。"妈妈说:"这样啊,妈,你别着急。你一着急,口气就听着像命令。我一听到命令就特想反驳。"奶奶说:"我以后注意点我的语气。那你能不能也采纳一些我的建议。我也问了我的很多朋友,她们也有带孩子的经验。"妈妈说:"当然可以了。我这人就是对命令敏感。那咱俩都调整调整。"奶奶说:"嗯。咱们都是为了孩子好啊。"

资源链接

《山顶镇和山脚镇》/克里斯提娜·贝拉玛(文),玛达琳娜·格力(图)

　　在一座山上有两个小镇,山顶上的小镇叫山顶镇,山脚下的小镇叫山脚镇。连接两个小镇的只有一条羊毛巾宽的小路。但是从来没有人走过这条路。两个小镇的人从来没想过走出自己的世界去外面看看,直到一场大风夹杂着雨雪袭击了两个小镇,山顶镇的东西被吹到了山脚镇,山脚镇的东西被吹到了山顶镇,为了归还对方的东西,双方第一次走出自己的小镇。从此,山顶镇和山脚镇建立了亲密的关系,大家都成了很好的朋友,过着快乐的生活。

《鲍比如何说 妈妈才会听》/阿黛尔·法伯、伊莱恩·玛兹丽施(文),雷吉·罗伊(图)

又一次,鲍比冲着所有人——妈妈、爸爸、妹妹,还有朋友山姆——发火,所有人也都冲着他发火。但鲍比认为,所有问题都不是他的错,而是别人不讲道理!那天晚上,乘着月光,从遥远的布洛克星球来了两个奇异的小人,他们声称专门帮助孩子们解决他们遇到的难题,他们这次来就是要帮助鲍比解决麻烦。两个小人给鲍比提了很多建议,但他俩又吵个不停。他们到底给了鲍比什么建议?鲍比又听了谁的?鲍比的麻烦解决了吗?

《我会沟通》/阿丽奇

这是一本面向孩子日常沟通的儿童心理教育书。美国著名绘本画家阿丽奇针对孩子成长过程中,在人际交往中所遇到的沟通障碍,引导孩子认识沟通的方法和秘诀,帮助孩子通过积极沟通来解决生活中的种种难题,学会与人沟通、建立良好的人际关系。

(周司丽撰写)

【案例8】"吃不够"的孩子

案例介绍

丹丹是个4岁1个月大的女孩。爸爸是驻外工作的外企高管,典型的"候鸟一族",每年回国2个月。妈妈是国企的高级财务人员,工作繁重,压力大。由于爸妈工作太忙,家里由姥姥和大姨带丹丹。

情景一:某天爸爸回来了,丹丹好久没见爸爸了,见面就要玩爸爸带回来的玩具,爸爸宠爱地亲亲丹丹,把玩具双手奉上。开饭了,全家人一起吃饭,丹丹爱吃肉,一口气吃了5个鸡腿,妈妈觉得孩子吃饭太快,吃太多了,就说:"丹丹,咱们今天每人就吃3个,你已经吃了5个了,不能再吃了,给姥姥和爸爸留几个好吗?"姥姥看妈妈这么说,正想替孩子说话,爸爸开口说道:"呦,闺女胃口这么好啊,像我,喜欢吃就吃吧,就这一次啊。今天这是散养的鸡,肉质有营养,可以多吃哈。"丹丹获得了爸爸的支持,痛快地又捧着鸡腿吃起来。一顿晚饭下来,丹丹吃了爸爸妈妈两个人的饭量,这天夜里孩子就发烧咳嗽起来……

情景二:幼儿园放学了,很少露面的妈妈来接孩子,老师跟妈妈说:

"丹丹晚饭吃了3份饭菜，回家后吃点水果就够了，小心积食。"妈妈应承着把丹丹接走了。姥姥在家给丹丹做了一桌子她爱吃的饭菜，丹丹手都顾不上洗就上了桌。妈妈劝说："丹丹在幼儿园吃得饱饱的，回家少吃点就行了啊。"丹丹看着自己爱吃的，妈妈却不让吃，马上眼泪汪汪地看着姥姥，姥姥当着妈妈的面又不好发作，只小声嘀咕："小孩子能吃是福。"稍晚些时姥姥趁妈妈不在偷偷塞给丹丹她爱吃的巧克力。第二天，丹丹又因为发烧没能上幼儿园，去医院被大夫诊断为积食，在家休息。

情景三：幼儿园体检，将体检结果以书面和电话形式通知给丹丹家长，在办公室接到电话的丹丹妈妈还不知道幼儿园给孩子们做体检了，也没时间看由大姨带回家的丹丹的体检结果。于是在电话中询问老师丹丹的身体健康状况，老师如实报告了丹丹的体检情况，并表示出对丹丹身体健康状况的担心，丹丹因为饮食问题经常上火、积食、干燥，是班里出勤率最低的孩子，而且这次体检也显示丹丹体重偏重，有肥胖的趋势。丹丹妈妈也担忧起来，并跟老师诉苦，她也知道孩子身上的很多问题根源在于丹丹不良的饮食习惯，但因为姥姥是家里最辛苦的人，又总是主张孩子能吃是福，实在不知道怎么跟姥姥提这个问题。电话那头的老师沉默了很久。

案例分析

现在的父母和祖父母都曾经历过物质不甚丰富的年代，尤其是祖父母甚至都体验过吃不饱穿不暖的生活，所以当他们面临孩子的教育时，往往把吃得饱吃得好看成是第一位的。该案例呈现出来的问题一目了然：是孩子因"吃不够"导致出现积食、发烧等健康问题，也为以后容易肥胖埋下隐患，而看护者不当的幼儿饮食观念正是其背后的本质原因。随着生活水平的提高，很多家庭已经能够提供丰富的食物改善儿童的营养状况，父母尤其是祖父母认为孩子想吃什么就吃什么，想吃多少就吃多少，却不管孩子的饮食结构是否合理，也不管孩子生长发育是否正常。因此很多专家学者在列举当今众多儿童营养错误观念时，通常把过度进食放在首位。①

本案例中的丹丹之所以出现这种"吃不够"的行为，其原因可能有如下几种：

1. **传统观念影响。**

"能吃是福"是大家耳熟能详的俗话。在今天的大江南北，很多人都相信"能吃是福"，并将之作为古往今来颠扑不破的真理，一代一代地传承。就像本案例中的姥姥，认为只要孩子能吃，就是好事，默认能吃的孩子往往也是健康的孩子。即使孩子几次三番地被诊断积食，也无法让她将孩子生病与孩子能吃联系起来；即使孩子妈妈已提醒孩子吃得太多，仍然坚持填鸭式喂养，一味地让孩子多吃，不管她之前已吃了多少，吃得是否营养均衡等等。

在现代社会中祖辈参与育儿的现象十分普遍，祖辈成为家庭生活的主要照料者，自然也成为家庭中幼儿的主要养护人，幼儿在家中的饮食几乎全部由祖辈照管。这就使祖辈成为对幼儿饮食行为产生影响的重要他人之一。蒋竞雄、夏秀兰等采用定性的方法对三代同堂家庭中祖辈对幼儿饮食行为的影响进行了研究，结果表明祖辈存在促使幼儿过度进食的现象。②

2. **看护人喂养儿童的营养观存在误区。**

虽然越来越多的人意识到合理的膳食营养、良好的饮食行为对孩子健康成长的重要性，并可以给孩子提供较好的条件，可以满足孩子们想吃什么就吃什么，想吃多少就吃多少的需求。但吃得多和吃得好都不代表吃得健康。很多成人喂养儿童时存在怕少不怕多的错误观念③：生怕孩子吃不饱，

---

① 段传伟、王春燕、刘云霞：《儿童家长的营养观念误差及改进措施》，《中国社区医师》2008 年第 4 期，第 109 页。
② 蒋竞雄、夏秀兰、崔绍珍、宋琴素、袁全莲：《三代同堂家庭中祖辈对幼儿饮食行为的影响》，《中国儿童保健杂志》2006 年第 1 期，第 46 - 47 页。
③ 详细可参考张小丹：《关于幼儿饮食健康的几点建议》，《教育实践与研究》2014 年第 19 期，第 68 - 69 页。

甚至不惜在幼儿身后追着喂饭，还会以各种许诺哄骗幼儿吃饭，而对于能吃的孩子则往往抱着暗自欣喜的态度，从不加阻止。然而小孩子面对食品时自我控制能力较差，看见好吃的、喜欢吃的就使劲吃。有些家长还错误地认为孩子爱吃某种食物，就是身体缺少某种食物的营养，因而对孩子的狼吞虎咽不加阻止。很多研究和临床实践都显示，能吃固然不算坏事，但也要适可而止。过度"能吃"一方面会加重幼儿消化系统的负担，导致幼儿经常积食感冒等，影响其身体健康；另一方面长期多吃，也可能导致幼儿营养过剩，造成肥胖，诱发多种潜在疾病，如甲亢、糖尿病或性早熟等[①]。

3. 育儿过程中，家庭成员之间的界限感不强。

非常典型的一种表现就是在家庭中父母常常主动包揽了幼年子女本该自己做的事情，并美其名曰"爱"；成年子女常常隐忍接受老年父母强加给自己的意愿，尽管自己内心不愿意，并美其名曰"孝"。在本案例中家庭成员之间的界限感不强主要表现在如下方面：姥姥没有分清养育丹丹不是自己的事而是女儿和女婿的事，自己虽然好心帮他们共同抚养丹丹，但不能用自己的养育观念作为女儿家庭的养育观念；丹丹妈妈同样没有弄清这一点，明知自己的妈妈已经越俎代庖了，并在养育行为中存在不当，却碍于长辈身份，一直没有指出。

专家建议

《3—6岁儿童学习与发展指南》中指出，为有效促进幼儿身心健康发展，成人应为幼儿提供合理均衡的营养，并建议为幼儿提供谷物、蔬菜、水果、肉、奶、蛋、豆制品等多样化的食物，均衡搭配。现在的家长绝大多数

---

① 可参考《海南日报》2016年1月21日"健康周刊育儿专栏"中的文章《孩子能吃就是福吗？——专家提醒：太能吃未必是好事》。

在喂养孩子时都有注意食物营养的意识，但在喂养孩子时做到营养均衡合理方面则做得不够，甚至存在误区。家庭内各成员喂养行为是否一致对孩子培养健康的饮食行为至关重要。因此，教育的基本原则是纠正不当的幼儿饮食观念，明确家庭中各成员职责，划清界限。

具体对策：

1. 家庭成员树立科学喂养观念。

家长要摒弃以往错误的营养观念，树立平衡营养观念。营养过剩和营养不足、营养紊乱一样已成为诱发危及生命疾病的原因，如钙过高可影响铁的吸收，维生素过多也会中毒等。家长可以找一些幼儿营养保健、幼儿心理方面的书籍学习，形成科学喂养观念。营养学家总结出了32字饮食格言，供家长们学习参考："杂食为优，偏食为忌。粗食为好，淡食为利。暴食为害，慢食为宜。鲜食为妙，过食为弊。"作为父母，了解和掌握科学的饮食之道，才能更好地养育自己的子女，使孩子更加聪明、健康。

2. 增加家庭成员之间的沟通，使家人在明确界限的前提下共同培养孩子健康的饮食行为。

这里的沟通包含家长与老人的沟通、夫妻之间的沟通以及亲子沟通。家庭中的祖辈很多经历了我国社会经济发展的特殊时期，特殊的经历使其对饥饿和营养不良有不同程度的恐惧感，在养育幼儿的过程中不可避免会使用过度喂养的策略。孩子父母在与老人沟通时要在理解老人的基础上着重强调时代的不同使得营养过剩和紊乱取代营养不良成为新时代幼儿饮食行为中的主要问题。不要期待一次两次就说服老人，要有耐心，作好长期沟通的打算。即使"老人虚心接受、坚决不改"，幼儿家长至少也要温柔而明确地表明自己在孩子喂养上的主导地位。孩子喂养得好与不好都由父母承担最大责任。

夫妻工作再忙，也仍要为抚养子女及夫妻沟通留出时间。夫妻双方首先要在孩子教养方式上达成一致意见，在日常抚养孩子过程中发现双方态度不一致也要及时进行私下沟通。如此案例情景一中，爸爸刚出差回来，看见女儿食欲极好，抱着鸡腿大吃特吃，忍不住高兴并支持女儿继续吃，站在旁边的妻子虽然理解丈夫的欣喜之情，但也要清楚丈夫并不知道在此之前孩子吃多容易积食的毛病，所以事后还是应与丈夫私下说明在孩子饮食问题上与自己保持一致的态度。

孩子对食物的认知、饮食偏好、饮食行为习惯等在很大程度上受到父母或者家庭看护人的影响。如果在亲子交流时，父母能积极与孩子沟通饮食行为与健康等问题，一定有助于培养孩子健康的饮食习惯。

做法举例

妈妈晚上下班回家，看见丹丹和姥姥、大姨正围着一桌子饭菜吃饭，丹丹一手拿鸡腿、一手拿玉米正吃得欢。妈妈皱了一下眉，姥姥看见了想起以前答应过女儿以后会适当控制丹丹晚上少吃点，现在看见女儿回来有点尴尬，好在女儿没有当面说什么，转身进了房间。一会儿妈妈从房间换好衣服出来，拿出一款别致的灯笼，对丹丹说："丹丹，等你吃饱以后和妈妈提灯笼去散步吧？"丹丹被小灯笼吸引，立刻放下手里的鸡腿说："妈妈，我已经饱了，咱们现在就去吧。"于是高高兴兴地出门了。丹丹和妈妈散步回来，还买了姥姥最爱吃的库尔勒香梨。趁丹丹给姥姥洗梨的时候，姥姥轻声地对妈妈说了声"对不起"，妈妈握了握姥姥的手，微笑着表示理解。

资源链接

《吃天的男孩》/ 唐·吉尔摩（著），皮埃尔·普拉特（绘）

加拿大著名童书作家的获奖图画书。作品讲述了关于一个吞噬世界的饥饿男孩与一个拯救世界的勇敢女孩之间的有趣故事。作者运用一种特殊的方式，一方面帮助孩子认识勇敢和智慧的力量，另一方面也揭露了现代儿童的饮食肥胖问题，并且警示世人过度消费的巨大危险。

"香喷喷食育绘本" / 吉田隆子（文），濑边雅之（图）

"香喷喷食育绘本"是日本营养专家吉田隆子为孩子规划的健康饮食概念绘本。这个系列全套五本。中国简体版引进了四本，舍弃了最后一本关于调料的（因为里面有很多日本本土的调料，不合中国民情）。每本书最前面有四个小精灵的健康宣言：红色健康精灵能使身体强壮。黄色健康精灵让人有力气。 绿色健康精灵保护我们不生病，还帮忙让便便通畅。白色健康精灵让食物更好吃。 四种颜色的健康精灵要都到齐，才有健康的身体。

《肚子里有个火车站》/ 安娜·鲁斯曼

朱莉娅吃得太多、太快，所以她的肚子里出事了！饭菜一大块一大块地掉进肚子火车站里，堆得像小山一样高。这可害惨了肚子里的小精灵们，他们冒着被砸晕的危险拼命干活，想把这些食物统统装上火车，送到弯弯曲曲的隧道里去。可是没想到，还有更大的暴风雪在等着他们。小精灵们被激怒了，他们游行示威、罢工抗议……肚子火车站里一片混乱。

小精灵们能渡过这个难关吗？肚子火车站究竟是怎样一个地方？神秘的隧道会通向哪里？《肚子里有个火车站》这本德国精选科学图画书会带领我们参观肚子火车站，以一种极其有趣的方式使孩子们了解自己的消化系统，从而帮助孩子养成健康的饮食习惯。

（邱香撰写）

【案例 9】不友好的孩子

案例介绍

明明，男，4岁2个月，特别喜欢看有攻击倾向的动画片，喜欢模仿"红太狼"打人。爸爸是科技有限公司总裁，晚上回家很晚，很少陪明明玩。妈妈是物业服务公司总经理，目前在家做全职太太。一家三口，爸爸和妈妈经常当着孩子的面吵架。

情景一：快放学了，小朋友都排排坐看书，等着爸爸妈妈来接园。咪咪拿了一本小汽车的书正在看，这时候明明过来了，伸手就拿书，咪咪没有放手，明明上去抱着咪咪的胳膊咬了一口。

情景二：午睡前，小朋友准备如厕，慈慈正在排队，明明排在慈慈的后面，两人挨得很近，慈慈跟老师说："明明他挤着我了。"老师拉了一下明明说："你和小朋友挨得太紧了，这样小朋友都没法尿尿了。"明明并没有往后站一点。当慈慈尿完尿转身离开的时候，明明使劲推了一下旁边的小朋友。

情景三：操场上，离园的小朋友都在玩耍，明明挥舞着自己带的一把宝剑，说："我是奥特曼。"说完就用剑刺向旁边的一个小男孩，小男孩当时就吓哭了，不远处小男孩的妈妈赶紧上前抱起小男孩，安慰起来。小男孩的妈妈看着明明说："你怎么打人呢？"一旁明明的爸爸来气了，上去就踹了明明一脚，并拎着他的衣服领子就走了。明明嘴巴一咧，嚎啕大哭起来。爸爸更加来气了，大声说："又打人，看我回家怎么治你！"

案例分析

本案例问题的本质在于幼儿的工具性攻击行为过多。学前儿童的攻击性行为可以分为两类：敌意性攻击行为和工具性攻击行为。敌意性攻击行为是指以伤害他人，使别人痛苦为目的的侵犯性行为。工具性攻击行为是指为了实现某种目的而以攻击行为作为手段，如为了从其他小朋友手中获得玩具、用品或座位等而发生冲突。通常幼儿在3～4岁多易出现工具性攻击行为，并随着年龄的增长而逐渐减少，敌意性攻击行为则随着年龄的增长而增多。故小中班儿童多表现为工具性攻击，大班儿童多表现为敌意性攻击。3～4岁男孩的攻击性行为多于女孩，且在被攻击后容易采取报复行为。一般认为幼儿出现少量的攻击性行为属于正常，但攻击性行为过多，特别是敌意性攻击行为过多则需要加以控制，否则会对其他小朋友产生伤害，也会影响儿童的同伴关系和社会性发展。

可能的原因：

1. 工具性攻击行为是4岁幼儿（尤其是男孩）发展过程中的常见行为。

儿童的攻击性行为从1岁左右就开始，到4岁时出现的频率最高，但这个阶段儿童的攻击行为多为工具性攻击行为，也就是为了抢玩具或其他目的攻击伤害别人，而不是觉得"小朋友不好"而故意攻击他人。情景一中明明因为拿不到书而咬了小朋友，情景二中明明因为小朋友告状，被老师批评而无法控制情绪，推了身旁的其他小朋友，情景三中明明也仅仅试图模仿动画片中的"英雄"。虽然这几次攻击行为都不具有明显的敌意，属于工具性攻击行为，但出现的频次显然过高。尽管这阶段的儿童还不能很准确地用语言表达自己，也不太具有社交技能，因此在发生冲突时或表达情绪时，多直接以动作来表达，但如果出现攻击行为过多，就需要家长和老师进行纠正和干预，来帮助孩子。

2. 幼儿受生活环境中"榜样"的影响。

攻击性行为是社会性行为的一种，社会学习理论认为：幼儿学习社会性行为主要通过观察和模仿。美国心理学家班杜拉早期的一项研究结果表明，成人榜样对儿童行为有明显的影响，儿童可以通过观察成人榜样的行为而习得新行为。

幼儿所处环境中的人和事就是其观察和模仿的对象。首先，现有影视、游戏中的打斗等场景对儿童有潜移默化的影响。案例中的明明特别喜欢看有攻击倾向的动画片，喜欢模仿"红太狼"打人。他不仅观察到了具体的攻击性行为，还理所当然地认为攻击性行为是解决人际冲突的有效方法，因而应用于现实生活。其次，家庭环境影响儿童的行为。越来越多的证据表明，当父母吵架时儿童的心里也会觉得非常难受，而且家庭中持续的争吵也可能会使儿童与兄弟姐妹和同伴的关系变得敌对并富有攻击性。幼儿的攻击性行为得不到有效干预，势必会在幼儿园出现社交问题。情景三中，明明用剑将小朋友吓哭，他父亲不问青红皂白，就"踹了明明一脚"，这显然是父亲在为明明树立攻击性行为的榜样。明明的父母还经常吵架，可见，父母本身就成为明明攻击性行为的观察和模仿对象，他们不仅不能有效引导明明，还给予了错误示范。

3. 幼儿缺乏社会交往技能。

幼儿的社会性行为不是生来就有的，需要后天的训练和学习。不少幼儿在社交中表现出不恰当的社交行为往往是缺乏社会交往技能造成的。社会交往技能是指采用恰当的方式解决交往中所遇问题的策略和技巧。幼儿的社会交往技能是可以通过学习获得的。情景一中，明明没有如愿拿到书，就咬了别人。这显然是缺乏社交技能的表现，他不知道在得不到自己想要的东西的情境下如何正确处理。这时家长或老师可以用情景模拟的方式教给明明：或者等待，或者用语言和小朋友商量一起看。

专家建议

家长要给予幼儿和谐安全的成长环境，以身作则，避免成为儿童攻击性行为的观察和模仿对象。改变"以暴制暴"的教育模式，帮助幼儿恰当使用社交技能，引导儿童合理发泄不良情绪，并及时鼓励儿童的正确行为。

具体对策：

1. 创造和谐安全的家庭氛围，夫妻尽量少吵架，不将孩子推给电子媒体。

夫妻双方要以身作则，多以善意的、理解的眼光看对方，避免在孩子面前争吵、打架。夫妻如果要交流容易引起情绪激动的事情，要尽量选择孩子不在场时。如果孩子在场，夫妻双方要克制自己的情绪，一方或双方可以转移话题或不再说话，避免发生更大的冲突，待孩子不在时再继续商量。夫妻要努力营造和谐安全的家庭氛围，做好榜样。建立亲子游戏时间，进行有效的亲子沟通。家长应控制孩子看动画片的类型和时间，不能简单地将孩子直接推给电视、电脑或 iPad 等电子媒体，以免儿童模仿动画片中的暴力行为。

2. 家长要避免打孩子，教育并引导儿童合理使用交往策略。

遇到孩子出现攻击性行为，不能简单粗暴地打孩子，这不仅解决不了问题，还起了错误的示范作用。出现情景一的情况时，首先，家长要问清楚孩子咬人的原因和动机。其次，引导孩子进行移情思考。引导孩子想想："为什么自己想拿到书的需求不能被满足？""另外的那个小朋友会怎么想？""如果你正在看的书别人想要，你会不会给？"帮助孩子学习移情。再次，教给孩子用语言表达自己的想法，运用合适的社交技能。告诉孩子可以问问："我能不能和你一起看？"如果小朋友不愿意一起看，可以告诉孩子再问问："你看完我再看，好吗？""我们交换书看，可以吗？"或者先去看其他的书或玩会儿玩具。

3. 引导孩子合理发泄不良情绪。

儿童有不良情绪是正常的，关键是如何正确发泄不良情绪。儿童控制和调节自己的情绪表现也是社会交往的需要。情景二中，明明因为被老师批评，有了不良情绪，但发泄方式却是推了身边的一个无关的小朋友。这显然是错误发泄了自己的不良情绪。家长应该引导儿童用语言表达自己的委屈或不满，而不是直接用动作，甚至攻击性行为。比如告诉老师自己没有挤慈慈，或自己为什么站得离慈慈那么近等。引导儿童说出自己的想法，帮助他将不良情绪发泄出来。当孩子有了一次良好的表现时，家长要积极给予语言鼓励，让行为得到正强化。

做法举例

家长改变了夫妻相处模式，不再当着孩子的面吵架或打架了。孩子在幼儿园的工具性攻击行为开始减少。

家长和老师着重引导明明用语言表达自己的想法，而不是用动作，明明遇到不高兴或受委屈能和老师说了，也开始和小朋友商量着玩，攻击性行为明显减少。

资源链接

《坏脾气小精灵快走开》/ 黛比·威根贝奇（文），史蒂夫·麦克（图）

该书是美国心理学会为3～6岁儿童量身打造的情绪管理与性格培养绘本系列之一，小男孩乱发脾气度过了糟糕的一天：他对妈妈发脾气，对妹妹发脾气，对爸爸发脾气，朋友们也都因为他的坏脾气离开他，他感觉很孤独，很糟糕，却又不知道该怎么办……这本书中给了父母很多办法和建议，帮助父母陪伴孩子一起认识并处理好情绪。

《我有友情要出租》/ 方素珍

孤单寂寞的大猩猩不知道该怎样交朋友，于是想到了"出租友情"的点子，这样一来，不仅有朋友陪自己一起玩耍，而且还有钱赚，一举两得。刚巧，咪咪出现了，她正好没有玩伴，马上租下大猩猩陪自己玩，他们玩得很痛快。接下来，咪咪每天都来租友情，他们越玩越开心。这一天，大猩猩特地没带装钱的小背包和计时用的沙漏，反而准备了好吃的饼干要和咪咪分享，谁知咪咪却搬走了，留给大猩猩难忘的想念。后来，大猩猩又开始出租友情了，不过，这一次他特意强调了是"免费"出租，因为他已经领悟了友情的真谛，明白了友情是不能用金钱买卖的。

（贾维撰写）

【案例 10】"睡不着"的孩子

案例介绍

奇奇今年 4 岁，爸爸妈妈都是理工科出身的高材生。爸爸由于工作原因平日很少出现，一直是妈妈照顾奇奇比较多。奇奇的妈妈一直很关注孩子的生活习惯，认为良好的作息对孩子的健康发育异常重要。每天要求奇奇九点之前入睡，早晨六点半起床。不管发生什么事情都不能改变这个规定。奇奇两岁多的时候，因为尿床醒了，妈妈很是焦虑，并给奇奇穿上纸尿裤，这样就可以不会因为尿床而打断睡眠了，也可以不再弄脏床。

上了幼儿园，因为对环境一时不适应，一开始奇奇入睡有点困难，奇奇妈妈很焦虑，一直给奇奇做工作，要他好好睡觉休息。

情景一：早晨送园时间，奇奇和妈妈一起走到教室门口，老师看到奇奇就迎过来说："奇奇早上好！"奇奇也回应了一句："老师早上好！"老师正准备和奇奇一起进教室，奇奇妈妈叫住了老师："老师，您过来一下，我想给您说个事情。"老师请奇奇进班吃早饭，自己走到了门口询问奇奇妈妈："有什么事情吗？"奇奇妈妈说："您告诉奇奇中午要睡觉，他总是不睡觉，我怕他一直这样对身体不好。"老师回应奇奇妈妈:"睡觉这个事情还是不要强迫孩子,睡不着,安静地躺着也是休息。"奇奇妈妈有些着急地说:"不行,不行,他一不睡觉就容易发脾气,所以还是要睡觉的。"老师说:"好的,中午上床后,我引导他睡觉。"听老师这么说,奇奇妈妈放心地走了。

情景二:接园时间,老师按序叫孩子们离园。奇奇妈妈还没等老师叫奇奇,就急切地问老师:"老师,奇奇今天睡觉了吗?"老师说:"没睡觉,但是安静地休息了。"说完,老师转头叫奇奇,奇奇开心地走到门口抱住了妈妈,妈妈直接就质问奇奇:"你怎么又没睡觉!"本来开心的奇奇一下子收回了笑脸,低着头不说话了。这时候老师对奇奇妈妈说:"奇奇妈妈别着急,习惯要慢慢养成的……"奇奇妈妈听了,没有回应老师,而是拉着奇奇严厉地说:"明天一定要睡觉,听到没有?!"奇奇没有回答,妈妈拉起他就走了。

情景三:下午起床时间,老师播放起床音乐,孩子们听到音乐陆续起来了。老师如往常一样对孩子们说:"下午好,孩子们!"小朋友也纷纷回应老师:"老师下午好!"从声音里,就能听出来孩子们的情绪很好。老师又告诉小朋友说:"等你们吃完水果我们去感统教室玩。"孩子们一听就更加兴奋了,他们加紧了起床动作。而奇奇却走到老师身边,十分失望地说:"唉!我又没睡着。"老师说:"没睡着,没有关系啊!"奇奇叹着气说:"中午不睡觉,我放学回到家妈妈就不让我看动画片。"老师说:"这是妈妈的要求吗?"奇奇无奈地点点头补充说:"妈妈说了,中午睡觉了,回家才能看动画片。不睡觉就不能看。"老师问:"你中午一直睡不着,是因为担心回家不能看动画片吗?"奇奇说:"我就是想着要睡着的,结果还是没有睡着。"语气里流露出对自己的责怨。

案例分析

该问题的本质是家长过于重视"好习惯"的培养，采用的培养方式也比较强势和刻板，忽略了教育中的其他方面，造成孩子过度的情绪负担。育儿中，太多的父母在强调养成好习惯的重要性，孩子喝奶吃饭、睡觉、学习和礼貌等，处处都设置了父母认为的好习惯标准。这源于我们都有个共识：好习惯非常重要，好习惯可以让人终身受益。的确，在教育的过程中，我们不能否认良好习惯对孩子健康成长和发展的重要性，但是，究竟什么才是好习惯？怎样培养才能真正养成好习惯？这可能是很多家长都忽视或者没有好好思考的问题。

在汉语词典里，"习惯"的含义是积久养成的生活方式。顾名思义，好习惯就是积久养成的"好的"生活方式。在这里，"好的"之所以加上引号说明其中有价值判断，有个人偏好，有不是标准化和客观化的成分。从这个思考角度来看，确立什么是好习惯有一个基本的出发点，那就是这个习惯是为了大人的方便还是为了儿童成长的需要。当然，有些时候这两者是合二为一的，但是如果一个习惯只是满足大人的需要，那么这就不能说是好习惯。作为家长，需要明白一点，生活习惯不仅仅是为身体服务的，一定要为成长、为健康、为心灵服务才是好习惯。

就案例中奇奇的情况来说，帮助孩子养成良好的作息习惯对孩子的身体发育来说的确很重要，但是因为过于强调午睡而导致孩子精神压力大，不顾及孩子的情绪反应，甚至将午睡的情况与其他奖惩行为相联系，让孩子体验到对自己的不满、内疚和沮丧感，这种习惯对他来说，压力大于午睡的放松休息，对于健康来讲，也并没有积极的意义。好的习惯一定是能促进孩子成长的，而不是给孩子带来压力、负担、消极体验的。

1. 父母太过于关注孩子的身体成长，而忽视了孩子的心理需求。

现在的医学、生理学和心理学的研究结果表明，身心是不可分割的统一整体，身体的不适感会引发很多心理的消极反应，同样，心理的不适感也会反作用于身体健康。很多家长都知道，睡眠对身体健康的重要性，尤其是对幼儿来说，充足的睡眠是身体发展的基础。但家长们特别容易忽视的一点是，情绪和压力对睡眠质量的影响也尤为重要。能够促进身体成长的睡眠，不仅要有时间上的保证，更要有质量上的保证。生活中特别常见的现象是，如果儿童在白天过度兴奋或者受到了惊吓，往往当晚的睡眠也不太安稳，比较容易发生多梦、惊醒、苦恼、不安等。案例中的奇奇妈妈，在对待孩子睡眠的问题上过于刻板和强硬，对睡眠本身的强调甚至超过了对孩子心理和情绪的关注，不仅没能帮助孩子养成良好的睡眠习惯，反而给孩子造成了很大的睡眠压力，从而进一步导致了睡眠时间减少和睡眠质量下降，形成了恶性循环。

2. 父母只是从知识上或观念上认识到了好习惯的重要性，而没有认真深入地思考孩子成长中需要的好习惯到底是什么，该如何培养。

如前文所述，所谓"好习惯"不是一个简单、僵化的规则，也不是一个每天空喊的口号，真正的好习惯应该是适合孩子发展阶段的，满足成长需要的，有多种内涵和元素，让孩子感受到舒服、幸福和爱的一种生活方式。这种生活方式必然不是僵硬的、死板的、让人倍感压力的，而是有弹性的、能通过沟通让孩子理解的，并能按照孩子自己的节奏、通过多次试误和探索逐渐养成的。案例中奇奇妈妈只是看到了睡眠的重要性，而忽略了过度强调睡眠，为了睡而睡带给孩子的压力。因为睡眠没有达到妈妈的要求而被指责，看到妈妈的着急和焦虑，孩子又进一步产生内疚、不安和沮丧，这些都非常不利于心理发展。承受过多的压力和负面情绪，必然会进一步影响奇奇的睡眠质量，可能会让奇奇过度担忧自己的睡眠，甚至恐惧睡觉这件事。而将睡觉与其他的娱乐行为建立联系，形成没有说服力的奖惩机制，久而久之也会造成奇奇的委屈和不满，不仅不能有效改善睡眠习惯，还有可能造成亲子关系的损伤，得不偿失啊！

专家建议

《3—6岁儿童学习与发展指南》指出，让幼儿保持有规律的生活，养成良好的作息习惯。如早睡早起、每天午睡、按时进餐、吃好早餐等。但同时也要营造温暖、轻松的心理环境，让幼儿形成安全感和信赖感。如：保持良好的情绪状态，以积极、愉快的情绪影响幼儿；以欣赏的态度对待幼儿。注意发现幼儿的优点，接纳他们的个体差异，不简单与同伴作横向比较。这意味着在帮助幼儿形成好的生活习惯的同时，也要注意兼顾幼儿情绪情感的发展，尊重儿童建立习惯的个体化方式和节奏，以积极的态度来促进幼儿行为的改善。

具体对策：

1. 家长不要盲目地制订各种"好习惯"养成计划，在执行每一个"好习惯"的标准时，要认真思考这个习惯更深层的需要是什么，是为了促进孩子的成长，还是满足家长自身的心理需要。

例如父母觉得自己没长高或者身体不够健壮就是因为小时候没睡够，或者自己大脑不够聪明也跟睡眠不足有一定关系，因此希望孩子能睡好、睡饱，不影响身体发育和大脑发展。看清自己关于"好习惯"的心理需求，就能放下偏执和刻板，在养成习惯的过程中有张有弛，顾及孩子的感受，不急于求成给孩子压力，也不会因为孩子没有养成好习惯而过度指责和焦虑。

2. 家长要善于思考和学习，在帮助孩子养成好习惯的过程中，根据孩子的性格、表现和具体情况，综合使用多种方法，而不是一味地靠强势、命令和控制。

不要用成人的视角想当然地对待孩子，也不要用成人的好恶标准操纵孩子，在建立好习惯的同时，也要顾及孩子的心理需求和情绪情感反应。很多时候，我们都太小看孩子了。其实，无论多大的孩子，只要真诚地与他交流，他都能读出成人的那份理解与尊重，他会把内心美好的东西呈现出来与你分享，并主动学习、建立与遵守一些规则。家长不妨就一些希望孩子养成的好习惯作为亲子交流的话题，跟孩子探讨这种习惯的行为表现、对孩子成长的意义，听听孩子关于这个习惯的感受、想法和思考，共同选择合适的生活方式。同时，在好习惯建立的过程中，家长要注意自己的榜样示范作用，让自己的良好行为可以成为孩子模仿的对象，知行合一，而不是说一套做一套，对自己和对孩子两套标准，让孩子口服心不服。此外，家长还可以通过做游戏、讲故事等一些适合儿童发展阶段的方法，来促进良好习惯的养成，而不是一味地说教和指责。

做法举例

奇奇妈妈从书店里买了几本关于睡觉的绘本，利用亲子阅读时间跟奇奇分享。在阅读故事后，妈妈跟奇奇展开了一次关于睡觉的小讨论，这一次，不再是妈妈的单独课堂，而是更多地让奇奇表达对睡觉的想法、感受和思考。妈妈这才发现，原来奇奇也懂得睡觉的重要性，并且也希望自己能好好睡觉以有更好的精力，但是每当躺在床上奇奇就会担心自己睡不着，越想越睡不着，也非常痛苦。妈妈没有像往常那样急于教育，而是进一步关心奇奇为何那么重视睡觉。奇奇说，如果不睡觉就不能长高高，脑子会变笨，将来会被小朋友们嘲笑，也不会被老师们喜欢。原来奇奇那么关注睡觉不是因为自己的身体需要，而是附加了太多的功利因素，过重的思想负担反而影响了正常的入睡。在听了奇奇的表达后，妈妈拥抱了奇奇，表达了自己之前对奇奇误解的歉意，接受了奇奇关于睡觉的各种情绪。同时，妈妈告诉奇奇，长高和聪明是由很多因素共同作用的结果，睡眠好只是其中之一。我们之所以睡觉是因为这能让身体放松，让大脑休息。所以即便没睡着，但是安静休息了，也是很好的。

奇奇妈妈阅读了更多关于睡眠、育儿和情绪安抚的书籍，调整了自己关于奇奇睡眠的期待和刻板的需求，弹性掌握奇奇每天睡觉和起床的时间，不会因为偶尔的晚睡晚起而过度焦虑或对奇奇发脾气，奇奇逐渐对睡觉也没有那么紧张了。奇奇妈妈更加合理地安排每天的睡前活动，提前一小时进入放松状态，陪奇奇看一些故事比较温情的绘本，听一些舒缓轻柔的音乐，或者只是语调温柔地轻缓地跟奇奇谈论一些生活话题，让奇奇在轻松、愉悦的状态下入睡。

资源链接

《小熊布迪睡不着觉》/哥里塔·卡罗拉特（文），苏珊娜·麦斯（图）

小熊布迪和野猪莫扎特一直睡不着觉，于是，他们想尽各种办法努力入睡，两个小家伙折腾到最后终于进入了梦乡。他们是怎样"哄"自己睡觉的呢？每个孩子都得学着自己睡觉，如果睡不着呢？那也得自己想办法去解决。处理好这些生活细节，可以让孩子逐步建立自我管理、自我控制的意识和能力，只有这样，孩子才能逐渐由任性走向理性。

《睡觉去，小怪物！》/马里奥·拉莫

睡觉的时间到了，小怪物依然精力旺盛，兴致盎然地满屋子跑个不停……爸爸只好采取武力措施，将小怪物强行抱起，准备将他扭送上床。被爸爸控制后的小怪物，用自己的小心思跟爸爸斗智斗勇，对爸爸提出的要求不停地说"不"，尝试了很多小花招来拖延上床睡觉的时间。这是比利时绘本作家马里奥·拉莫自编自绘的故事书，看似简单，但剪裁得当，体现出一种简洁明快的美感，是一本能让孩子们迅速产生共鸣和认同感的图画书。

《ZZZZZ 一本讲述睡觉的书》/ 尹成娜

　　傍晚来临,天空暗淡下来,月亮慢慢地爬上了天空,每一个动物都渐渐进入了梦乡,而小猫头鹰的一天却刚刚开始呢。作者用美丽可爱的画风,将这个充满奇妙的夜晚描绘成了一个令人惊喜的故事……不过,当太阳升起,动物们开始了新的一天,对于小猫头鹰来说,是睡觉的时候啦!

（张雯撰写）

中 班

【案例1】爱发脾气的孩子

案例介绍

心心,女,4岁5个月。性格比较孤僻,平时在幼儿园没有自己固定的伙伴,容易因为一点小事发脾气。

心心的爸爸是律师,平时工作非常忙,几乎没有来幼儿园接过心心,心心也从来没有主动提起过爸爸。妈妈为了能全心全意地陪心心而辞去了工作,全职在家照顾孩子。妈妈说:"心心爸工作太忙,基本不管家里的事儿,就连和我聊天的空儿都没有,更不用说陪心心了。我可不能让孩子觉得她得到的爱比别人少。"所以,妈妈对待心心的事情格外谨慎,生怕孩子生气不高兴,只要心心不高兴,就会利用各种各样的物质奖励来满足她。

情景一:幼儿园集体活动时,老师按顺序分发活动用的彩纸。站在后面的心心要求老师先发给她,老师让心心排队按顺序领取。心心开始发脾气,哭喊着:"你再不给我,我就打你!""我玩不了,你们也别想玩!"

情景二:心心妈妈每天接园都很准时。但是周五下午因为路上堵车晚来了5分钟,心心看到妈妈后生气地大喊:"这么晚才接我,大坏蛋!"妈妈从口袋里掏出一颗巧克力塞进心心的嘴里,心心立刻高兴起来。

情景三:一天晚上,睡梦中的心心又一次被争吵声惊醒,她起床走到客厅,看到爸爸妈妈不知道因为什么事情剧烈地争吵,心心很害怕,哭着对爸爸妈妈说:"你们别吵了,我讨厌你们!"

案例分析

该问题的本质在于幼儿不善于调节自身的不良情绪,以经常发脾气的方式表现出来。情绪是一种能量,不会自动消失,情绪积累到一定程度一定要以某种形式向外释放,可能是奔跑、喊叫、大笑,也可能是哭闹、发脾气。儿童因为对环境和人际关系的理解能力还不够强,所以引发他们消极情绪爆发的导火索就比较多,加之儿童不善于调节情绪,就更容易用发脾气的方式直接把不良情绪宣泄出来。可见,"爱发脾气"至少告诉我们这个孩子的能量很充沛。应对爱发脾气的孩子就像处理要喷发的火山一样,"压抑""克制"只能将不良情绪引向体内,被压抑的情绪会攻击身体,让孩子的身体表现出不适。更有效的做法是"读懂"孩子发脾气背后隐藏的意义,帮助孩子战胜坏脾气。

从心心的背景资料来看,爸爸的无暇照顾和妈妈的全职看护很容易形成这样一种教养方式:妈妈为了弥补爸爸那份"缺失"的爱会对孩子百般呵护、宠溺有加、百依百顺。长此以往孩子会习惯自己的需求百分百被满足,甚至马上被满足,否则就大发脾气。在情景一中,心心不能容忍集体活动中的等待而发脾气就属于这种情况。心心的坏脾气也影响了她在幼儿园结交朋友,使她显得很孤僻。缺乏同伴交往的乐趣,没有同伴之间的嬉戏打闹,心心的能量得不到正常释放的机会,只能以各种发脾气的方式快速地发泄,长此以往就形成了为一点小事就发脾气的习惯。情景二主要展示了妈妈应对心心坏脾气的方法——物质奖励,而且看得出这个方法对于暂时中止心心消极情绪的表达很有效，但对于心心学习控制自己的情绪、管理情绪来说却不亚于饮鸩止渴。情景三让我们初步了解了心心父母在家里的沟通情况和解决矛盾的方法，因此也不能排除其父母的互动模式对孩子的情绪问题造成潜在影响。

情绪管理是孩子从小要学习的本领，而影响孩子情绪表达和情绪管理的原因多种多样。如果您家有一个爱发脾气的孩子，可以从下面的五个方面来判定孩子发脾气的可能原因，以便作出恰当的干预。

1. 孩子情绪调节的生理基础还未发展成熟。

人的情绪调节主要是由大脑额叶（尤其是前额叶、眼眶额）控制的，它是大脑发育最高级但也是成熟最晚的部分。[①] 儿童由于额叶发展很不成熟，对情绪的调节和控制能力发展不完善，常因环境的变化或一点点小事而发脾气。此外，他们不会隐藏情绪，全部情绪表露于外，高兴了就笑，急了就哭，可能在短时间内会表现出两种不同的极端情绪。心心正处于这个年龄阶段，所以其情绪不稳定、不良情绪不易控制，在情绪反应强烈的时候表现出激烈的行为也有其生理发展方面的原因。案例中心心的妈妈一看到女儿生气就赶紧想办法息事宁人，并将这些情绪表现归因为自己教育的失败，这是对孩子神经系统发展成熟规律的不了解造成的。

2. 父母对孩子不良情绪的认识错误。

在日常生活中，人们会有各种情绪（包括积极情绪或消极情绪），可能会出现各种情绪表达，只要这个表达是在合理的情景中（如在悲伤的环境中哭泣，在焦虑的时候哭闹）、在正常的范围内都是可以接受的。父母、教师应该接受儿童各类情绪的表达。设想一下，一个孩子安静、听话，从来不表达消极情绪，或者刚要哭就被家长训斥"男子汉不能哭哭啼啼"，才表现出要哭闹就被教育"不礼貌""不可以"。这就意味着家长或老师要让孩子学会

---

① Kalisch, R., Wiech, K., Herrmann, K., & Dolan, R.J. Neural correlates of self-distraction from anxiety and a process model of cognitive emotion regulation. *Journal of Cognitive Neuroscience*, 2006, 18(8): 1266-1276.

用身体去压抑情绪，那情绪就必然会攻击孩子的身体。试想孩子压抑的能量一直储存在身体的"情绪垃圾筒"里，总有一天它会呈现出病态的爆发。所以，认识和接纳孩子的消极情绪是正确进行情绪管理的第一步。心心妈妈总是致力于消除心心的"坏脾气"，这就是对消极情绪不接纳的一种表现。

3. 父母对孩子不良情绪的干预不恰当。

很多父母都会像心心妈妈那样用物质奖励来控制儿童的情绪，他们觉得只要在孩子发脾气、不听话的时候给点"甜头"，孩子就会乖乖听话。这种做法通常马上起作用，但从长远看反而不利于孩子的情绪调节控制能力的提高。很可能是父母给的"甜头"越来越大，孩子的脾气也越来越大，甚至可能为了要自己想要的东西而故意大发脾气。可见，这种单纯给"甜头"的做法一方面阻碍了孩子体验各种情绪、学习情绪控制，另一方面会养成孩子利用不良情绪要挟父母的坏习惯。所以，成人不应该因为孩子情绪不稳定而作出原则性的让步，这种做法甚至会加重儿童情绪不稳定的表现。

当然，父母不能任由孩子发脾气，应该教孩子一些控制情绪的方法，帮助孩子从不良情绪中解脱出来。随着儿童年龄的增长，应逐渐让儿童理解那些引起他们不良情绪的事情是不可避免的（例如，集体生活中必须等待、玩具会破损、朋友之间应该谦让），必须学习接纳、适应这些情况。

4. 父母解决家庭矛盾的不良方式不利于孩子良好情绪控制能力的培养。

美国心理学家班杜拉提出观察学习是人类间接经验学习的一种重要形式，他的社会学习理论认为儿童是通过观察成人行为方式来学习适应社会环境的，而父母是儿童最亲密的、观察最多的成人，其行为方式直接影响了儿童对待他人的方式。案例中，心心父母之间爆发的激烈争论可能不是针对孩子的，但向心心展示了成人不良的情绪控制方式，这个场景似乎在告诉孩子：当自己与他人的观点不一致时应该任由自己的情绪宣泄，大发脾气，而不必考虑他人的感受，不想办法解决问题。

5. 不平衡的家庭互动模式让孩子缺乏安全感。

从这个案例的背景信息中，我们依稀可以看到这是一个"孩子中心"的家庭，也是一个关系失衡的家庭：父亲工作繁忙，无暇照顾家庭，基本在家庭生活和孩子成长中是缺位的；母亲全心全意为孩子。这个家庭中似乎只有母女关系，没有夫妻关系和父女关系。从心理学角度看，这并不是对孩子成长有益的状态。德国心理治疗师伯特·海灵格（Bert Hellinger）[①]提出在一个三口之家中爸爸、妈妈、孩子之间构成了一个三角关系，当三个关系达到平衡的时候，家庭关系稳固，孩子自然而快乐地成长；如果我们过于注重亲子关系，而忽视夫妻关系，三角形的稳定会被打破，家庭结构变得不稳定。这时尽管孩子可以从母亲那里得到各种关爱，可在扭曲的夫妻关系下，孩子几乎不会认可这种单边的"爱"，他们仍然缺乏安全感，表现出情绪不稳定。心心家庭中父母的角色和分工为家庭结构失衡带来隐患，也会影响心心的身心发展。

专家建议

《3—6岁儿童学习与发展指南》中指出，成人应当理解幼儿的情绪调节能力受生理发展水平的制约，尚处在发展过程中，同时应帮助孩子学习如何恰当地表达和调控情绪。在家庭中，父母要保持良好的情绪状态，以积极、愉快的情绪影响幼儿，营造温暖、轻松的家庭氛围和心理环境，让幼儿形成安全感和信赖感。

具体对策：

1. 父母应无条件接纳孩子的"不良"情绪。

哭与笑是情绪的正常流露，爱哭的孩子与爱笑的孩子一样都是情绪饱满、能量充沛的。所以当孩子出现"不良情绪"时，父母首先要无条件接

[①] 海灵格，德国心理治疗师，"家庭系统排列"创始人。他将孩子称为"家庭中的救世主"，因为孩子天生有一种本能——保护家庭的稳固。所以，在夫妻关系出现危机的家庭或关系不平衡的家庭中，孩子总是表现出身体的、情绪的或者行为上的偏差和问题吸引父母的注意以维持家庭的完整。

纳，因为孩子对自己情绪的认识和掌控是一个漫长的过程。父母要引导孩子尝试着用自己的话说出心中的感受，并帮助他们合理释放情绪。例如孩子表现出不高兴甚至很生气，父母不能简单地认为孩子又发脾气了，而是意识到孩子在表现出他对事情的不满，可以引导孩子表达他的感受。例如，父母可以对发脾气的孩子说："你是不是有点生气？"而后耐心地鼓励孩子表达情绪。孩子的表达方式可能很激烈，可能不恰当，如"我恨他，我要打死他！"不要急于纠正、批评孩子，只要倾听和鼓励孩子表达。等到孩子有足够的情绪表达后会表现出表情、语言和动作上的放松。此时，家长再慢慢引导孩子说出事情的细节，以确定该怎样进一步引导孩子。这种对孩子情绪表达的鼓励和分享能让孩子明白情绪本身没有对错，只是表达情绪的行为可以选择。

2. 父母要引导孩子学会恰当地处理情绪问题的方法。

当孩子能够平静地表达情绪之后，父母要引导孩子选择恰当的行为表达情绪。例如，孩子因为和同伴的冲突而打人或骂人了，父母在让孩子知道愤怒或生气的情绪可以被理解后，还应该让孩子明白打人或骂人的行为不是最佳选择，并引导孩子思考一些恰当的方法来处理情绪。例如可以对孩子说："淘淘推倒了你的积木，你很生气，我明白你的感受，但是你打他就不对了。你想想，现在他是不是也想打你呀，这样你们就不能做好朋友了，对吗？"帮孩子处理情绪问题就必须让孩子学会解决引起他情绪的问题，如争抢玩具、玩游戏的顺序、角色分配的冲突。很多问题的解决方法可能超过了孩子的应对水平，这就需要家长和孩子一起讨论，用智慧引导孩子思考解决问题的办法。例如，家长可以引导孩子想：如果重新来一次的话，你能想到其他的处理方法吗？你会不会邀请淘淘和你一起恢复积木？为了避免积木再次被撞倒，你想想有什么办法？这些方法比"给糖果"复杂但却有利于孩子情绪调节能力的发展。

3. 父母教孩子一些合理的、能被接受的释放情绪的方法。

有些孩子的能量非常充沛，一天的幼儿园生活和学习还不足以消耗他体内的能量，这些多余的能量可能就以发脾气、哭闹等形式快速释放出来，久而久之他们就形成了发脾气的习惯。这种情况比较容易辨识，孩子不是为了获得什么东西或者权利，因为很小的事情而发很大的脾气，哭喊，很不容易安抚，但哭喊过后对让他生气的事情或者人又表现出很大度、宽容。这时基本可以判定孩子只是单纯需要消耗、释放掉多余的能量。如果家长发现孩子属于这种情况就可以引导孩子用合理的、能被接受的方式（如跑步、和家长打闹、撕纸、踢球、大声唱歌、蹦跳等）释放情绪。

4. 父母可以积极利用自己的示范和榜样作用。

　　夫妻之间保持和谐的关系。父亲即使工作再忙也要利用吃饭和睡前的时间关心妻子，多和妻子沟通；每天抽出 5～10 分钟时间和孩子聊天或陪伴孩子做游戏，让孩子感受到来自父母双方的爱。只有父母在家庭中给孩子营造温暖、轻松的心理环境，幼儿才能形成安全感，情绪才能平和、稳定。在遇到意见不统一的时候，成人尝试用恰当的方式表达情绪，做到生气时不乱发脾气，不迁怒于人，能主动倾听对方的想法，给孩子呈现出通过倾听、协商的方式才能更好地解决问题的榜样行为。成人还可以和幼儿一起谈论自己高兴或生气的事，鼓励幼儿与人分享自己的情绪。

做法举例

　　心心爸爸和妈妈经常坐在一起商量如何安排周末，是否参加朋友聚会，讨论孩子教育问题等，减少了家庭争吵，同时也邀请心心和爸爸妈妈一起讨论。虽然三个人的意见不是每次都一致，但爸爸妈妈都会适当地做出让步，让每件事情都圆满解决。

　　周末，妈妈和心心一起学习用撕纸、画画、揉面团、外出运动的方式来宣泄不良情绪。心心一下子像长大了似的，变得开朗起来，遇到困难也不再乱发脾气，学会和别人协商解决问题，在幼儿园喜欢和小朋友说说笑笑。

资源链接

《我不想生气》/ 特蕾西·莫洛尼

　　生气是最难控制的情绪之一。这本绘本让孩子懂得每个人都会生气,生气的时候是什么样的感觉,如何调整自己生气时的状态并找到一种合适的解决方法。这是对孩子十分有用的 EQ 培训。

《生气汤》/ 贝西·艾芙瑞

　　这一天小男孩霍斯过得很不高兴。他带着一肚子怒气回家。但是,他妈妈却说要煮汤。当水滚开时,妈妈对着锅子大叫,她要小男孩也照做。他们还一起对着锅子龇牙咧嘴、吐舌头、大声敲打锅子。最后,小男孩笑了,心里也快活多了。有时候,孩子难免处在负面的情绪当中,成人应该试着了解和接纳孩子的情绪,同时帮助孩子找到合宜的纾解管道。这是与孩子共读此书时,值得细细咀嚼的滋味。

《生气的亚瑟》/ 希亚文·奥拉姆

　　亚瑟的妈妈让他去睡觉,不让他看电视片,所以亚瑟生气了。他非常非常地生气,气到足以把整个宇宙都震成碎片……但突然之间,亚瑟忘记了究竟是什么惹得他如此生气……作者让我们看到在亚瑟的怒气中,其实掺杂着许多别的情绪:寂寞、害怕、伤心、失落、彷徨……绘本设计了由小而大的阶段性意义,使"气"成为可指认、分辨、描述的对象,让孩子们认识到原来词语表达的方式如此奇妙丰富。它除了帮助孩子纾解内在情绪以外,也让他们领会到"生气"的破坏性和杀伤力。

(池丽萍撰写)

【案例 2】自我中心的孩子

案例介绍

米米，女，4 岁 6 个月，性格活泼开朗，个性有些小张扬、小霸道。爸爸妈妈均拥有高学历，均是国企公司的高管。米米的爸爸妈妈一直因为求学、工作忙等情况，快 40 岁时才有了米米。米米是家里的 NO.1，想做任何事情都必须做到。米米在幼儿园表现得聪明伶俐，积极参与活动，敢于表达自己的看法。

情景一：在家里，米米的妈妈从外面回来了，买了好多东西。米米和表妹米粒正在客厅玩，看见妈妈回来了，米米很高兴地冲过去，直接从妈妈的手里抢过了爱吃的糖葫芦大喊着："哦……我的糖葫芦……"妈妈发现还有米粒在一边，说："米米，你和米粒一起分享糖葫芦好吗？"米米马上拿着糖葫芦跑到一边说："不要，这是我的糖葫芦！"米粒很委屈地看着姐姐，可米米说："不给你吃，这是我的！"米米妈妈只好拿其他好吃的给米粒吃。

情景二：在幼儿园区域活动时，小朋友们在选择玩具，米米看到自己喜欢的芭比娃娃，一把推开前面的小朋友，说"这是我的"，抢到了娃娃后她高兴地走开了。集体活动中,和小朋友们一起画画,一组小朋友共用一盒水彩笔,米米把水彩笔抢到自己的前面,把自己喜欢的红色、粉色、绿色等先拿了出来。

情景三:在医院,米米的姥姥生病住院了,妈妈带着米米到医院去看望。坐下后,妈妈削了一个苹果正要递给姥姥,米米看见了,伸手把苹果夺了过来,还对妈妈嚷道:"应该先给我,你怎么先给姥姥吃了?"妈妈惊住了,姥姥却说:"哦,米米宝贝想吃苹果了,米米先吃,米米先吃。"

案例分析

从米米在以上情景中的表现看,自我意识过浓、以自我为中心是其问题的本质。以自我为中心的儿童往往要求所有人都以他为中心,服从于他,凡事都只希望满足自己的欲望,否则就感到委屈、受不了。儿童自我意识的发展是以特定的生理和心理发展水平为前提的,从知道自己与外界的区别,到学会自我评价,不仅受到自身身心发展的影响,也受到外部环境的影响。以自我为中心不仅不利于儿童健康人格的形成,而且还不利于儿童社会交往能力的发展。

幼儿"自我中心"的心理发展特点是由多种原因促成的,要了解幼儿"自我中心"的心理成因,不妨看看如下分析:

1. 受到认知发展的自我中心特点的影响。

瑞士心理学家皮亚杰认为两岁到六七岁的儿童心理发展具有"自我中心"的特点。这里要注意的是,所谓"自我中心"并不是指儿童很"自私"或者"不考虑别人的利益",而是指儿童只会从自己的立场和角度去认识事物、思考问题,而不能理解别人与自己具有不同的观点,不能从客观的、他人的立场去看待问题,不能很好地体会他人的想法。在米米的案例中,当她独占物品的时候,很显然并没有体会到自己做出这样的举动时,其他人的心理感受如何。

2. 孩子缺乏与同伴交流与分享的体验。

4～5岁幼儿,有意行为开始发展,开始了解更多的规则、行为规范,在自我意识方面逐渐发展,开始体验自己的内在心理活动、情绪情感和行为反应。但幼儿的社会性发展是在社会环境的影响下,在与周围人的交往过程中逐步实现的,必须经过体验、内化幼儿的社会认知和社会性行为才能真正形成。对于米米而言,家庭中成人的宠溺,基本上没有帮助她建立一个发展平台,她没有机会了解他人的一些想法、情绪,也没有获得正常交往的体验,从而形成了这样独尊的一种状态。

3. 家长的过度溺爱。

从案例中不难看出,米米父母与祖父母对于米米的溺爱。在深入了解中我们发现米米的爸爸妈妈都是高学历的公司高管,平时工作比较忙,家中的主要看护人是姥姥、姥爷。一直以来,爸爸妈妈因为陪同米米的时间较少,对米米充满了愧疚,所以凡事都以米米的意愿为中心,对米米的要求和想法都是第一时间满足。时间久了,米米逐渐形成了"只要是我想要的,都必须得到"的想法。而米米的姥姥姥爷则因为米米爸妈年龄较大才有了这个孩子,在生活上更是对米米百依百顺,几乎对米米的所有要求都给予满足。

专家建议

从儿童社会性发展的需要来说,成人应该有效地引导孩子逐渐学习关爱、分享、轮流等亲社会行为。《3—6岁儿童学习与发展指南》社会领域为儿童设定的发展目标是:"会用礼貌的方式向长辈表达自己的要求和想法。""能体会父母为养育自己所付出的辛劳。"并在教育建议中提出:"成人以身作则,以尊重、关心的态度对待自己的父母、长辈和其他人并且引导幼儿尊重、关心长辈和身边的人,尊重他人的劳动及成果。"从中可以看出,在社会性发展领域，成人需要引导幼儿逐渐走出自我中心的羁绊，学习体会他人的想法和情绪情感。

因此，家庭和幼儿园应通过多种形式的活动，为幼儿提供与他人交往和分享的机会和体验，结合具体情境，引导幼儿换位思考，学习理解别人。家庭环境中家庭成员的角色要清晰，长幼有序，凸显身为家长的榜样作用、展现自身的社会角色。要建立必要的、适宜的家庭规则，理性爱孩子，引导幼儿去自我中心化。

具体对策：

1. 鼓励孩子与同伴分享。

在幼儿园中，老师需要针对米米表现出的一些问题进一步观察，可以专门组织关于"分享"的系列活动，用活动场景和案例的形式，帮助米米和有此类现象的小朋友梳理、讨论和思考，这些场景或案例中的小朋友出现了什么困难和问题，可以怎么做、为什么要这样做……并有针对性地帮助米米在活动中交朋友，当她出现类似现象的时候，和她进行交谈，给她提出一些交朋友的建议。

家庭配合幼儿园的活动，在日常生活中，家长可以创设共享玩具的游戏情境，让米米找到和同伴共享玩具一起游戏的机会。同时，也引导米米去感受和朋友一起游戏时的快乐，强化米米对于朋友之间快乐情感的体验，弱化对物质的占有。

2. 改变家庭教养方式，理性爱抚孩子。

建议爸爸妈妈和姥姥姥爷作一些改变。例如，爸爸妈妈要给米米做榜样，尊重老人，家里有好吃的、好玩的，要先请老人吃或询问老人，并引导米米和父母一起付诸行动。姥姥姥爷也要积极配合，当米米做到时，要积极地接受并给予鼓励。

同时，让孩子用多种形式表达对家人的关爱，比如为家庭成员提供力所能及的服务，参与打扫卫生活动，或者帮厨活动，让孩子在这些活动中体会到付出的价值和快乐。同时，这些活动也能培养孩子的自理生活能力，增强孩子的自信心和照顾他人的责任感。

做法举例

大家一起出去野餐，爸爸妈妈鼓励米米为大家分发食品，每位家长收到米米分发的食品都要表示感谢或者拥抱一下米米，让米米感受到分享的快乐。米米外出旅游，爸爸妈妈会为自己的亲朋好友准备礼物，也和米米一起为班里的小朋友们准备一些纪念小礼物，分享给大家。

遇到和小朋友间因为分享玩具产生的冲突，爸爸妈妈和老师鼓励米米和小朋友一同商量怎么玩游戏，比如两个人轮流拍球，互相记数。

资源链接

《哈利的花毛衣》/ 吉恩·蔡恩（文），玛格丽特·布罗伊·格雷厄姆（图）

小狗哈利不喜欢奶奶送他的一件花毛衣，原因是毛衣上的玫瑰花图案和他身上的花纹不一样。为了摆脱自己不喜欢的花毛衣，哈利想尽了办法，也经历了失败，而最后花毛衣被一只小鸟收留了，小鸟用它做了一个漂亮而温暖的窝。故事很有趣，情节一波三折，结局非常圆满，花毛衣适得其所，最终哈利的奶奶送了他一件和自己身上的花纹一样的毛衣。这个故事是站在哈利的角度讲的，哈利对花毛衣的要求，也体现了他对自我的确认，这个故事也让家长去思考如何关注孩子的"自我"视角，并尊重孩子的自我选择。

《阿莫的生病日》/ 菲利普·斯蒂德（文），埃琳·斯蒂德（图）

这是一个温暖的故事，这温暖来自阿莫对动物们的了解和陪伴，也来自动物们对生病的阿莫的思念和关心。这个故事最有戏剧性的地方在于，在动物园里阿莫主动陪伴和关心动物们，而当阿莫生病时，小动物们主动看望、照顾阿莫。照顾者和被照顾者角色和行为的转换对于处于自我中心阶段的孩子是个挑战，也是一个有力的促进，可以激发他们思考动物们是如何跳脱自我中心的圈子，而学会站在阿莫的立场上去关心阿莫的。

《想吃一整块》/ 山胁恭（文），小田桐昭（图）

饿得发慌的虎斑猫捡到了一块培根肉，他内心非常想吃掉，可是捡到了东西应该交给警察叔叔。"贪吃"是孩子的本性，而外在的行为要求又约束着他。在"基本欲望"和"社会规则"间，虎斑猫经历着不平静的内心活动。最后的结果是非常美妙的，这块培根肉原来是他的好朋友丢的，好朋友和虎斑猫一起快乐地分享了培根肉。这个故事非常真实地写出了处于自我中心的小孩子，在自我和社会规则之间的摇摆和努力。

（王玉撰写）

【案例 3】不敢画画的孩子

案例介绍

乐乐，女，4岁6个月。在刚刚过去的小班一年里，乐乐有一个固定的朋友齐齐，平时乐乐最喜欢和齐齐玩的游戏就是画画。但最近一段时间，乐乐来园情绪有波动，尤其是到了美术活动和上美术兴趣班前，情绪上的波动就会更加明显。

乐乐爸爸是大学教师，妈妈在外企工作，两人的学历都是硕士。他俩都很关心乐乐的成长，他们发现乐乐非常喜欢画画，所以在乐乐上中班时就给乐乐报了一个美术特长班。

平时，乐乐爸爸妈妈一有时间就会带着乐乐出门开阔视野，也会主动地邀请邻居和同班的同学出去玩。游戏中，乐乐爸爸会引导乐乐主动和小朋友玩，但是一旦看见乐乐参与了游戏，爸爸妈妈就会不自觉地做自己的事情。面对孩子的游戏，爸爸妈妈认为，成人只需创造环境即可，游戏是孩子自己的行为，主要还是靠孩子自己来完成。也正是因为爸爸妈妈这样的想法，乐乐很少对爸爸妈妈说自己兴趣的转移和内心的感受，虽然有时爸爸妈妈会主动询问，但是会强加上成人的思想。

情景一：幼儿园的区域活动，乐乐最喜欢选择美工区，所有的美工作品，她也会好好地保存在自己的作品栏里。一天晚上妈妈来幼儿园接她，她很兴奋地给妈妈介绍自己的小作品——一幅自画像。妈妈说："你画的是你吗？你的头发是短的啊，这明明是一个长头发的小女孩啊？这也不像啊。哦，你看，这个是可可吧，她画的就很像，妈妈一眼就能认出她来啊！"

幼儿园美术课的作品，老师都会展示在班级门口供家长们观看、欣赏。一天，妈妈好奇地发现了乐乐的作品，是一幅名字叫《秋天的树》的画，乐乐将树叶的颜色涂成了五颜六色的。妈妈觉得乐乐画得还不错，但当他看到了班里其他小朋友的画时，发现了差异性。接园时，妈妈问："乐乐，你的树为什么是五颜六色的呢？你看成成（4岁小男孩）画的，一看就是秋天的树，树叶是黄色的，你的不像是秋天的树啊。夏天？这也不是夏天的树，我也搞不清楚了。你肯定是没有仔细观察秋天的树，不像！"

情景二：乐乐的作品被妈妈"欣赏"过了几次，乐乐开始出现了排斥心理。区域游戏时，乐乐很少去美工区了，还一直问一些奇怪的问题。

乐乐："齐齐，星期一都是有美术课的吗？"

齐齐："是啊，每个星期一都有的，要不你去问问老师。"

乐乐："我讨厌美术课，因为我不会画画，我画的画不好看，我画的什么都不像！"

齐齐："老师，乐乐说她讨厌美术课，她说了不好听的话了。"

老师回忆了上周的情形，顺着齐齐的反映继续询问。

老师："乐乐，你最近总是说不喜欢画画，不想上美术课的事情，到底发生了什么事情啊？"

乐乐："我不会画画，画的公主不像，画的人也不像。"

老师："我记得之前不还送给了我一幅画吗？是一个公主，我很喜欢啊，当时你也很高兴啊，现在怎么就不喜欢了呢？"

乐乐："那个公主的画我也给我妈妈看过了，她说那个不像我，画的是别人。"

老师："哦,你给妈妈看过你的作品了?"

乐乐："嗯,那天她看了,就是这么说的。"

老师："那你有没有和她说你自己的想法呢?"

乐乐："没有,我没说,妈妈说得赶紧回家了,要不就天黑了。"

情景三:加餐时间,老师说:"吃完加餐的孩子们,到门口站队,接下来是咱们的美术课。"还在吃加餐的乐乐,很紧张,放下手中的牛奶杯和小点心,看着老师,开始小声地哭泣。乐乐看到老师开始关注她,哭泣的声音更大了。老师询问原因,乐乐大哭:"我不去上美术课!我就是不去上美术课!我不想画画!"上课的时间到了,主班老师带着其他幼儿去了美术教室,另一老师留下来安抚乐乐的情绪。乐乐边哭边说:"我不会画,我画的东西不好,不像。反正我现在就是不画了,我不去美术教室。"

案例分析

乐乐由原来喜欢上美术课,愿意到美工区去玩,乐于把自己在美工区里的作品与妈妈分享,到哭闹着拒绝上美术课,甚至对美术课产生惧怕心理,问题的本质是自我评价低。由于妈妈不理解儿童绘画发展特点,错误评价乐乐的画画得不像,导致乐乐对自己绘画能力评价低,从而产生抵触、畏惧、不喜欢的心理。

美国美术教育家罗恩菲尔德(Victor Lowenfeld,其代表作是《创造性与心理成长》)认为,儿童的绘画发展分为六个阶段,即涂鸦期(2~4岁)、图式前期(4~7岁)、图式期(7~9岁)、写实主义绘画期(9~11岁)、假现实主义期(11~13岁)、决定期(青少年期)。[①] 涂鸦期大约从1.5~2

---

① [美]Cathy A. Malchiodi:《儿童绘画与心理治疗——解读儿童画》,中国轻工业出版社2005年版。

岁开始自发出现。这一阶段儿童很喜欢反复用蜡笔画来画去,在成年人眼中无意义的混乱线条(见图1)对儿童却具有重要意义。一方面,儿童通过蜡笔在纸上划动,练习并发展大肌肉整合运动以及精细动作的控制能力;另一方面,通过涂鸦来练习表达自己的能力,就像用语言和手势一样。4～7岁儿童进入图式前期,由于儿童图形的表现能力有限,只能采用简单的几何图形来表达(见图2、图3)。幼儿的绘画具有象征性和符号化的特点,成人眼中不成形的画面被儿童赋予了丰富的意义。绘画对儿童而言,是用画笔进行自由的、没有约束的创作,是表达个人情绪和情感,激发想象力和创造力的手段。因此,太阳可以是紫色的,奶牛也可以是红色的,房子可以任意摆放在画面中。这一阶段儿童更喜欢画物体的形状而不是物体的颜色。通常6～9岁儿童的画逐渐变得写实,变得"像"了。

图1　2岁儿童的涂鸦画

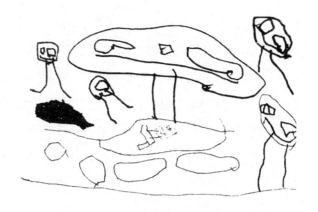

图2　4岁男孩画的蝌蚪人

图3　5岁女孩画的房子

美国心理学家玛考尔蒂（Cathy A. Malchiodi）指出，影响儿童绘画发展的因素很多，但决定儿童产生自发表现的因素主要有：记忆、想象和真实生活；对绘画的态度；绘画活动的经验及社会文化影响。对绘画的态度如愿望、动机，很大程度上受他人评价的影响，如父母、老师对儿童美术作品内容的误解，无意的批评性意见等都可能挫伤孩子，使其不愿意再拿起画笔。

综上所述，乐乐不爱画画的原因主要有以下几种可能：

1. 乐乐妈妈对幼儿绘画发展水平和绘画的意义理解有误。

从年龄来看，乐乐的绘画发展水平应处于涂鸦期和图式前期。画得不像、色彩使用不符合生活常识等都正常。绘画对这一年龄的儿童更像是一次游戏过程，孩子从这个过程中感受到表达的快乐，探索和发现周围环境，而并不是学习掌握绘画的技巧。如果以高于其年龄发展水平的标准去要求幼儿（6岁左右绘画才能达到像），将发展幼儿的绘画技能看得更重要，势必会挫伤儿童绘画的积极性，剥夺孩子创造和表达的自由。情景三中乐乐所表现出的对绘画课的抗拒则与妈妈的错误理解有关。

2. 乐乐妈妈使用了错误的评价方法。

幼儿对绘画学习的坚持，不仅来源于最初的兴趣，而且还受到成人支持和鼓励的影响。儿童年龄越小，越依赖于成人对自己作品的评价，并往往把这种评价当作认识和评价自己的重要依据。积极肯定的评价与恰当的指导会使幼儿获得心理满足，增强进一步学习的热情和信心；而消极否定的评价则会使幼儿怀疑自己的能力，甚至产生自卑心理，影响学习愿望和动机。因此，成人对儿童的评价必须适当、客观、公正，任何过高、过低或其他不恰当的评价都是有害的。本案例中，乐乐妈妈以"像不像"，将孩子的作品与其他小朋友进行比较的评价方式，让孩子的自尊心和自信心受到了明显的伤害，导致乐乐产生"我不行""我不想再去尝试绘画了"的心理。

专家建议

《3—6岁儿童发展与学习指南》明确指出，幼儿独特的笔触、动作和语言往往蕴含着丰富的想象和情感，成人应对幼儿的艺术表现给予充分的理解和尊重，不能用自己的审美标准去评判幼儿，更不能为追求结果的"完美"而对幼儿进行千篇一律的训练，以免扼杀其想象与创造的萌芽。

具体对策：

1. 避免用错误的标准去评价幼儿的绘画作品。

成人往往把"像不像"作为评价绘画作品的标准。其实，儿童的绘画与成人的绘画完全不同。幼儿所画的不仅仅是所见和所知，还经常把所想的内容用画笔表现出来，加之绘画表现能力有限，所以会出现"四不像"的情况。成人的负面评价会对儿童形成心理暗示，造成他们自己认为自己不行，不会画，画不好等心理。家长无意识的贴标签行为会造成儿童对艺术创作产生厌烦甚至恐惧心理。同时，成人还应该避免用空洞的语言评价儿童的绘画，如"太棒了！你能成为画家、大师"等。这样的评价对于儿童来说不但毫无意义，而且还容易让他们产生自大心理。成人可以根据幼儿的画面、色彩和构图等要素引导他自己讲述画面上的内容，以及为什么使用某些色彩，让他谈谈创作的感受和想法，成人只需注意倾听孩子的创作感受。罗恩·菲尔德指出，在幼儿绘画过程中给孩子提供讨论其绘画的机会更为重要。如询问孩子"你画的是什么？""这是你的猫咪吗？"，这样的讨论将有助于引导孩子有意识地为画面赋予意义，并与周围环境联系起来。同时，成人采用积极的方式引导、鼓励儿童绘画，就会产生皮格马利翁效应，会使他进步得更快，发展得更好。反之，向一个人传递消极的期望则会使人自暴自弃，放弃努力。

2. 尊重儿童在绘画中的过程体验，重视绘画对儿童情绪的宣泄作用和智力发展的促进作用。

首先，儿童的绘画更像一次游戏过程，他们更在意这个过程带给自身的快乐，家长应该给予充分的尊重，不应该对其进行干扰和干涉。其次，儿童绘画还具有心理治疗的作用。在绘画过程中，儿童能够把情绪情感宣泄出来。因此，有些心灵受到创伤的孩子，心理治疗师会让他们通过画画来宣泄自己的情绪，表达自己的情感，进而发现儿童内心深处隐藏的恐惧和痛苦，有的放矢地进行治疗。第三，科学研究表明，儿童早期绘画能全面发展儿童的想象力、创造力、观察力、记忆力、注意力和表达力。因此，成人应该充分利用绘画发展儿童的智力，培养他们做事坚持、认真的好习惯，学会欣赏美、创造美的能力。

3. 成为儿童绘画学习的支持者、欣赏者，而不是替代者、挑剔者。

在儿童绘画的过程中家长应该提供宽松的物质和心理环境，让儿童体验绘画带来的快乐和满足感，并给他们适当的协助、支持、鼓励和欣赏。家长不应该在孩子画得较慢或者不符合家长心意时越俎代庖，替他们完成绘画作品。家长应该避免拿自己孩子的作品与他人比较，避免强制孩子按照自己喜欢的方式来画画，要让他们按照自己内心的真实想法、自己的节奏完成自己的作品，从而满足审美的需求，获得美的感受。作为家长，可以多以耐心的陪伴和倾听来满足孩子的绘画心理需求。在有时间的情况下，尽量多陪伴孩子。如果没有时间亲自陪伴，也要在孩子向自己展示作品的时候，耐心倾听孩子的讲述，给予真切的关注。

做法举例

乐乐妈妈拿出乐乐以前画的画，将很多画挂在墙上与乐乐身高相同的位置，有空的时候会和乐乐一起欣赏这些作品，鼓励乐乐讲述自己画的都是什么内容。例如，妈妈说："乐乐，这是你小时候画的画，看看多有趣，你还记得你画这幅画的时候是怎么想的吗？"乐乐可能已经忘记了。这时妈妈就用启发性的语言说："乐乐，妈妈看到一棵大树，你还看到什么了？这个树干是什么颜色的？你想象一下，我们还可以用什么颜色画树干呢？要是把它换成红色的是什么效果？你愿意试一下吗？画成一棵彩虹树会不会很漂亮？这是妈妈新给你买的蜡笔（彩笔），咱俩一起完成一幅画，怎么样？"在妈妈的鼓励和支持下，乐乐又拿起了画笔，与妈妈一起画起了画。画完之后，妈妈没有急于评价乐乐画得像不像，而是让乐乐先讲讲画面上的内容，都画了哪些人物，他们在做什么。孩子的作品得到了妈妈的关注，心理得到一丝安慰。妈妈不再用"像不像"来评价乐乐的画,乐乐的心情平静了许多。渐渐地,乐乐不再拒绝上美术课了。

资源链接

《点》/ 彼德·雷诺兹

这是发生在作者雷诺兹身上的真实故事。马特森老师鼓励小彼德"画一笔",才有了了不起的"点"。《点》的故事中,瓦士缇也遇到了一位"教孩子"而不是"教书或教美术"的好老师。她仔细研究这一"点"想要表达的情绪和内容,发自内心地欣赏孩子的作品。正是从老师真心的认同中,瓦士缇得到了鼓励。原来好的作品不是画得怎样来获得别人的认同,重要的是表达自己。

雷诺兹其他的画作,如《味儿》《罗丝的花园》《有一天》《北极星》以及《我的大大的小世界》等都带有他本身成长的"印记"——鼓励孩子自信、勇敢,就好像他当初勇敢地画第一笔时那样。

《凯能行》/ 埃蒂特·施莱本-维克(文),卡罗拉·霍兰德(图)

这是一本培养孩子乐观情绪、帮助孩子建立自信心的魔法绘本。凯拥有他的大灰猫,真值得庆幸。大灰猫及时出现在凯的身边,用它的赞扬纠正了凯对于自己的判断。大灰猫真有那么神奇吗?相比大人们消极的抱怨,它只不过是用一种耐心积极的方式完成了爱和期待的表达,其实就这么简单。大灰猫看到了孩子眼里的世界,它更懂得安抚和鼓励的巨大推动力,而我们也该庆幸自己拥有一本这样完美的图画书了。

《妈妈相信你!》/玛丽安妮·里奇蒙

　　这本书告诉我们如何去引导孩子克服困难,培养独立自信的品格,让孩子在妈妈的爱和信任中成长,让孩子在成长中汲取勇气和信心,让孩子在妈妈的鼓励和赞美中塑造良好的品质和性格。这本书不仅仅适合孩子阅读,也同样适合爸爸妈妈们阅读,让家长不要总是教训孩子、批评孩子、威胁孩子。

(史明洁撰写)

【案例4】任性的孩子

案例介绍

晨晨，女，4岁10个月，性格文静。平时在园和在家表现反差较大，在幼儿园比较文静、独立，能按照要求做事情。而在家里如果爸爸妈妈不满足她的要求，就会哭闹，直到自己的要求得到满足为止。家庭成员有爸爸妈妈和奶奶。爸爸妈妈在外企担任重要职务，工作比较忙，孩子多数时间由老人照看，老人比较心疼孩子，常会顺着晨晨的心思做事。

情景一：晚饭后，妈妈带着晨晨去某广场玩。路过一个超市，晨晨说："妈妈，我想吃好吃的糖，我要去逛超市。"妈妈说："家里已经有很多糖了，我们还是去广场玩吧。"晨晨边哭边说："不，我就要去买糖。"妈妈见女儿这样伤心，心疼女儿，于是，带着晨晨走进超市。

情景二：刚进入超市的门口，晨晨嚷道："妈妈，我要那个玩具。"妈妈说："家里已经有好多玩具了，咱们别买了，不是要买糖吗？"晨晨看到妈妈走在前边不给买就躺在地上大声喊着："我就要这个玩具，我就要这个玩具。"妈妈看到晨晨躺在地上，赶紧过来安慰她："晨晨，你忘记了？家里已经有这个玩具了，我们今天先不买了。"晨晨不理妈妈，继续哭闹。这时旁边经过一些顾客，都看着晨晨皱起了眉头。妈妈再次屈服了，说："好了好了，那我们就再买一个，下次可不行喽。"晨晨立刻站了起来，高兴地拿着买到的玩具往前走。

情景三：没过一会儿，晨晨又看到了一个芭比公主，继续嚷着让妈妈买，妈妈不给买。晨晨就说："你不给我买，我就让奶奶给我买。"妈妈说："奶奶也不给买。"妈妈拉着晨晨的手继续往前走，这时晨晨顺势蹲下来，继续央求妈妈给买玩具，妈妈说："这次不能再买了，刚刚已经买过了。"妈妈想拉着晨晨继续往前走，晨晨哭着喊着"坏妈妈，坏妈妈"并挣开妈妈的手，又跑到了卖芭比公主的地方不肯离开。妈妈不想做女儿心中的"坏妈妈"，最后只好又给晨晨买了芭比公主。

案例分析

案例中，体现在晨晨身上的任性行为本质上是幼儿没有建立规则意识的表现。从儿童心理发展的角度看，这个年龄段的孩子正处于建立规则意识的阶段，幼儿是可以认同规则的，但晨晨的父母对于规则本身的重要性认识不足，忽视了对孩子应该做什么、不应该做什么的规则意识的培养。晨晨对如何在家里做个好孩子没有概念，父母没有树立起权威。此外，晨晨的母亲爱孩子的方式也出现了偏差，她错误地把妥协退让视为对孩子的爱，助长了孩子用哭闹耍赖来要挟大人的任性行为。

可能的原因：

1. 孩子正处在建立规则意识的阶段。自由与纪律是一枚硬币的两面。在儿童成长过程中，两者同样重要。晨晨家庭中给她的自由太多，而规则的内化不足，从而出现了晨晨在家在园表现不同。

根据心理学家皮亚杰的道德发展理论，儿童道德发展分三个阶段：前道德阶段（在 4～5 岁以前）、他律道德阶段（在 4、5 岁～8、9 岁之间）、自律道德阶段（在 9～10 岁以后）。这三个阶段即是规则从无到有，由外到内，最后规则内化自律的过程。

3～4 岁的幼儿，就能够意识到规则的存在，但是他们尚不能一贯地遵循规则。几个幼儿即使在做同样的游戏，他们的游戏规则也可能是各不相同的。随着年龄的长大，幼儿开始受到父母、老师的教育，始终受到成人的告诫：应该做什么，不应该做什么。这个时期的儿童，逐步有了规则意识。

他们对规则的理解，具有以下几个特征：

第一，规则是由权威人物，如父母、教师制定的，是必须遵守的。他们把规则看作绝对化的道德，符合规则就是符合道德的。

第二，他们倾向于根据客观结果而不是行为意图判断行为的恰当性。例如，幼儿园的教师在班上规定：这星期没有和爸爸妈妈一起制作玩具的小朋友将不能参加周末的郊游活动。碰巧，一位小女孩的妈妈生病住院而没能完成这个任务，教师说这是例外，因为她妈妈病了，但全班其他小朋友都不同意，他们说："老师就是这么说的，只有完成任务的小朋友才能去郊游。""规则就是这么定的，她没和爸爸妈妈做玩具，就不能参加周末的活动。"

第三，当其他幼儿违反规则时，他们倾向于赎罪性惩罚，而并不考虑不良行为与惩罚本身的关系。如一个 6 岁的儿童打破了玻璃，这个时期的儿童更主张打他的屁股，而不是让他赔偿损失。

家长必须知道，如果基本的规则习惯没有在他律道德阶段形成，孩子就会显得"不懂事"，家长不得不继续教育或批评。但当孩子进入自律道德阶段时，他们就会遇到更重要、更复杂的道德问题需要解决。到那个时候，如果家长再去反复强调这些基本的规则，孩子就会质疑这些规则的合理性、重要性，导致孩子与父母之间的争吵，甚至终生难以形成这些基本规则。

儿童需要建立的规则：①公共规则，指儿童在公共场合应有的规则，包括公共卫生规则（饭前洗手、保持地面清洁、衣服整洁等）、公共惜物规则（爱护粮食、爱护公物、保护植物动物环境等）、公共交通规则（注意安全、走人行道、看红绿灯等)。②集体规则，指儿童所在的群体的规则，包括日常活动规则（室内不大声喧哗、排队等）、学习和娱乐活动规则（上课认真听讲、讲话要举手、游戏中与他人合作等）。③交往规则，指儿童待人接物的规则，包括和睦相处、有礼貌、耐心听意见、不抢别人东西等。④基本道德准则，指涉及是非、爱憎与道德问题的公共规则，包括对老师长辈行鞠躬礼、诚实、守信等。

2. 孩子心中没有建立好孩子的标准。

从儿童心理发展的角度看，4～5岁是儿童超我逐渐形成的时期，在这一时期，儿童将成人眼中好孩子的标准内化，形成自我评价的标准，也是社会规则内化，逐渐被社会化的过程。儿童在这一时期逐渐学会用好孩子的标准来约束自己的行为，作为自我管理的一种力量。

在晨晨的成长过程中，家长没有用社会标准中好孩子的形象教育她，对什么时候应该做什么、不应该做什么、绝对不可以做什么没有明确的要求，使得晨晨对如何在家里做个好孩子没有概念，因此也没有形成自我约束的规则。

3. 家庭教育中"规则"和"权威"的缺失。

晨晨能够遵守幼儿园规则和要求，说明晨晨认同幼儿园规则和老师的权威。而在家庭中，规则和权威并没有建立起来，进而出现晨晨哭闹的现象，并形成和幼儿园表现的明显反差。在教育孩子的过程中，父母对培养孩子的规则意识的重要性认识不足，经常因为心软、心疼孩子而无法坚守自己制定的规则。这样，一方面孩子没有建立应有的规则，另一方面父母因为经常说话不算数，也无法在孩子心目中树立权威，遇到麻烦时，大人说话不管用。

4. 父母的妥协退让，助长了孩子用哭闹耍赖来要挟大人的任性行为。

当孩子感到失望，或是苦恼，而又无法用语言表达出来的时候，他就会哭闹，发脾气，以此来告诉父母他的感受。晨晨的家庭中，由于父母照看女儿的时间少，会有些内疚感，因而出现补偿心理，不忍心严格要求孩子，错误地把对孩子有求必应、即时满足孩子的要求当成是爱的一种表现。而且，平时老人看护，更加溺爱孩子，尽量满足孩子的要求。孩子知道只要自己哭闹就可以让父母满足自己的要求，就会不断使用这种方式，达到自己的目的。

与"即时满足"相对应的是"延迟满足"。教育家卢梭在《爱弥儿》中对父母们说："你知道用什么办法使你的孩子得到痛苦吗？那就是：百依百顺。"百依百顺、有求必应对孩子是无益的。从长远看，让孩子学会等待与延迟满足，是一生幸福的基础。

附：家长需要了解延迟满足的心理学原理

20世纪60年代，美国斯坦福大学心理学教授沃尔特·米歇尔（Walter Mischel）设计了一个关于"延迟满足"的著名实验，这个实验是在斯坦福大学校园里的一个幼儿园开始的。研究人员找来数十名儿童，让他们每个人单独待在一个只有一张桌子和一把椅子的小房间里，桌子上的托盘里有这些儿童爱吃的东西——棉花糖。研究人员告诉他们可以马上吃掉棉花糖，或者等研究人员回来时再吃，那时可以再得到一颗棉花糖作为奖励。他们还可以按响桌子上的铃，研究人员听到铃声会马上返回。对这些孩子们来说，实验的过程颇为难熬。有的孩子为了不去看那诱惑人的棉花糖而捂住眼睛或是背转身体，还有一些孩子开始做一些小动作——踢桌子，拉自己的辫子，有的甚至用手去打棉花糖。结果，大多数孩子坚持不到3分钟就放弃了。一些孩子甚至没有按铃就直接把糖吃掉了，另一些则盯着桌上的棉花糖，半分钟后按了铃。大约三分之一的孩子成功延迟了自己对棉花糖的欲望，他们等到研究人员回来兑现了奖励，差不多有15分钟的时间。

从1981年开始，米歇尔逐一联系现今已是高中生的653名参加者，给他们的父母、老师发去调查问卷，发现当年马上按铃的孩子无论在家里还是在学校，都更容易出现行为上的问题，成绩分数也较低。他们通常难以面对压力、注意力不集中，而且很难维持与他人的友谊。而那些可以等上15分钟再吃糖的孩子在学习成绩上比那些马上吃糖的孩子平均高出 210 分。

到他们 35 岁以后，研究表明，当年不能等待的人成年后有更高的体重指数，并更容易有吸毒方面的问题。

几十年来，心理学家一直认为智商高低是一个人能否成功的决定因素。米歇尔则认为智商能否起作用关键在于自我控制能力。

延迟满足是幼儿自我控制的表现之一，反映的是一个孩子在面临种种诱惑时，能否为更有价值的长远结果而控制自己的即时冲动，放弃即时满足的抉择取向，以及在等待期中展示的自我控制能力。延迟满足不仅是幼儿自我控制的核心成分和最重要的技能，也是儿童社会化和情绪调节的重要成分，更是伴随人终生的一种基本的、积极的人格因素，是儿童由幼稚走向成熟、由依赖走向独立的重要标志。

延迟满足能力强的儿童，未来更容易发展出较强的社会竞争力、较高的工作和学习效率；具有较强的自信心，能更好地应付生活中的挫折、压力和困难；在追求自己的目标时，更能抵制住即刻满足的诱惑，而实现长远的、更有价值的目标。

专家建议

晨晨正处在建立规则意识的阶段，同时，对家长和成人的权威性也是高度认可的。家长必须充分利用这一时期，始终耐心地告诉孩子应该做什么，不应该做什么，使晨晨逐步形成在家庭中服从规则的意识，形成基本的行为规则，这样，孩子会从这些规则中受益终生。

具体对策：

1. 家长要充分认识到给孩子建立规则意识的重要性。

对孩子而言，对于规则的把握是一种学习能力，一种积极的适应社会的能力。在他们学习的过程中，首先要区分出社会中的他人与自己和家人的不同，学习公共规则、集体规则、交往规则、基本道德准则等，懂得必要的控制与忍耐；然后是主动学习与适应；继而能够理解规则对自己与他人都是有意义的，从而主动维护。

2. 尝试使用"代币制"，使用"代币"的方法，可以帮助孩子建立规则意识。

爸爸妈妈可以和孩子约定，如果想得到新玩具，要用平时积累起来的"五角星"来进行交换。"五角星"是平时孩子表现好的时候获得的"奖励"。一般在孩子积累到5次或10次后就可以满足自己的需要。孩子每次获得"奖励"的过程就是一种等待，在充满希望的等待中，孩子一步步向愿望的实现迈进，可以逐渐提高孩子的延迟满足水平。需要注意的是，爸爸妈妈每次给予奖励的标准一定要统一，坚持原则，不能因为孩子的哭闹而失去原则性。父母只有认真地执行规则，才能树立权威。另外，奖励物应经常变换，以避免让幼儿形成对某一固定奖励物的依赖。

3. 树立遵守规则的好孩子的形象。

让孩子知道什么样的孩子是好孩子，激励孩子做一名好孩子，当好孩子的标准不断内化，孩子的自控能力也会增强，只有将规则内化，才能真正实现自我控制。

这个年龄的孩子都喜欢听故事，父母可以给孩子讲故事，让孩子学习故事中的小主人公。例如，外研社出版的"布奇乐乐园"（2—3岁版）成长故事书《好想好想吃了它》中，布奇控制住了自己想吃一颗樱桃的欲望，成功地得到了满树的樱桃，他的事例鼓励着孩子们学会自我控制，学会抑制及时的欲望，从而获得更长远或更大的收获。

4. 建立"家庭公约"。 与孩子一起制定明白易懂的规则，给孩子讲明白制定这些规则的道理。

在培养孩子规则意识的问题上，家长一定要事先定好简单易懂的规则，并且以理服人，这样才能让孩子遵守规矩。

5. 分清孩子违反规则的各种情况，温柔地坚持原则。

有些时候，孩子出现不遵守规则的行为是由于他无法向父母表达清楚自己的感受。父母在坚持立场的同时也要表达对孩子失望心情的理解。有些时候，孩子无视规则，并故意犯错误还撒泼耍赖扮演伤心的样子，似乎在挑战父母的底限。这种情况下，父母应该首先尝试正面教育的方法，同时可以辅以温和的惩罚来处理故意性的不良行为，比如，缩短甚至罚掉晚上的讲故事，或采用消退法（当孩子哭闹撒泼时有意不理会、不注意，忽视其行为，装作看不见、听不见，直至孩子停止哭闹后再与其讨论）。但绝不可以只要孩子一犯错，就罚他们去独自反省。如果家长违反"家庭公约"，同样需要接受"惩罚"。

做法举例

家中的老人、爸爸妈妈和晨晨全家老小一起讨论出了"家庭公约"。爸爸妈妈温柔地坚持，晨晨在幼儿园回家之后，每天只看一集动画片，剩下的时间是亲子游戏的时间，在幼儿园里晨晨也能够更好地按照老师的要求做事情了。家人高兴地奖励给晨晨一颗又一颗"五角星"。

在逛商场之前，妈妈和晨晨约定好需要买什么东西和购买数量。晨晨在按照约定做的时候，妈妈会奖励一次和晨晨一同逛商场的机会。晨晨有了很大的变化，很少再出现撒泼哭闹的问题。

资源链接

《再见，坏脾气》/ 李贤书（文），李姬琅（图）

很多爸妈都发现自己跟孩子讲话他们总听不下去，但如果身边有一位小伙伴这样做，他们很容易就接受。这本故事中的小恐龙就是这样一位朋友，和小恐龙一起学习如何面对自己的坏情绪吧。

《和坏脾气说再见》/ 薛舒文

翘楚虽然备受大人宠爱，可是她并不快乐。因为脾气性格不好，在家里，和父母关系并不亲密；在学校，她迟迟融入不了集体，经常受到同学们的冷嘲热讽。新学期开学，班级调换座位，有了一个阳光、开朗、活泼的同桌。在和同桌相处的日子里，翘楚渐渐学会了宽容、理解，慢慢变好的性格让她获得了珍贵的友谊，也找回了父母温暖的怀抱。

《菲菲生气了》/ 莫莉·卞

这个故事的重心与特色，是将情绪状态以直观的画面形式呈现，作为主角的孩子是情绪处理的主控者。这种方法不同于常见的以文字描写来表达情绪的作品，或是以大人所积累的经验与智慧为基础，在叙述中进行教诲的童书。故事中的菲菲先是以肢体动作表达愤怒，进而躲进自己的世界，宣泄悲伤、渐渐缓和，最终恢复平静。作者对这个过程形象细腻的描画，加上对孩子心理感受贴切的了解，使得小读者自然而然地认同了菲菲，也毫不设防地进入情节与氛围的中心，同时获得了阅读的乐趣以及对情绪历程的了解。

（王中会撰写）

【案例 5】只和一个小朋友玩的孩子

案例介绍

小诺是个独生女,个头不高也不低、身材不胖也不瘦,平时轻声细语的,是妈妈的好宝贝。虽然她已经 4 岁 10 个月了,可是妈妈却依然对她一百个不放心,无论大事小事处处替她操心。因为怕小诺受欺负,妈妈不太敢让她和别的小朋友在院子里玩。还好,妈妈发现邻居家的小女孩乐乐和小诺年龄差不多,性格也比较温和,于是总是邀请乐乐和小诺一起玩耍。一来二去,她们俩成了好朋友。看到两个女孩相处得很愉快,小诺妈妈经常把那些想和她们一起玩耍的小朋友赶跑,因为妈妈觉得其他小朋友一来就玩不好了。

情景一:乐乐和小诺一起上了幼儿园的中班。刚开始的时候两个女孩玩得挺好,形影不离,但过了一个月以后,同班小朋友之间都比较熟悉了,性格开朗、各方面发展水平又比较高的乐乐很快在班里找到了其他的好朋友,她们会经常一起游戏,尤其是玩娃娃家的时候,乐乐还经常被小朋友们推举扮演"妈妈"的角色,她管着一大家子的人,带着小伙伴把娃娃家玩得有声有色。而小诺很想给乐乐当"女儿",但是已经有别的小朋友当女儿了,她就不愿意一起玩了。小诺发现自己加入不了乐乐的新圈子,她就要求乐乐必须跟她玩,而且只能跟她一个人玩,让乐乐只给自己当"妈妈",但乐乐不同意这样做。小诺没有了一起玩的伙伴,孤零零地站在那里,眼泪止不住地往下掉。

情景二:一天,在区域活动时,老师突然听到美工区有小朋友在哭,一看是小诺站在乐乐旁边哭得很伤心。老师赶紧把小诺叫过来询问原因,只见小诺哭得上气不接下气以至于连话都讲不清楚。于是,老师又问乐乐是怎么回事。乐乐委屈地说:"小诺说她画不好,想让我帮她画画,可是我的画也没有画完呢,我不想帮她画,她就哭了。"老师摸着小诺的头安抚着她的情绪,见小诺渐渐平复了心情,又问小诺为什么哭得这么伤心,小诺也说:"我想让乐乐帮我画画,可是乐乐不帮我画。"

情景三:小诺妈妈近来发现小诺很在意乐乐对她说了些什么、做了些什么,而且还口口声声说自己只愿意和乐乐一起玩。看到小诺总是跟在乐乐后面跑来跑去,但乐乐却不以为然的样子,小诺妈妈接受不了这个事实,希望小诺能有更多的好朋友。妈妈催着小诺主动和别的小朋友一起玩,每天把小诺打扮得花枝招展的,精心为她梳小辫儿,希望小朋友能喜欢漂亮的小诺。为了小诺交朋友的事情,妈妈不断地给幼儿园老师打电话询问小诺在幼儿园的表现,还约老师面谈,她的内心很焦虑。小诺妈妈想起她自己小时候就是一个没有朋友的人,所以她特别希望自己的孩子能有好朋友,心里老是想帮小诺的忙却不知道怎么帮才有效。

情景四:老师找了小诺谈心,问她为什么做事老是拉着乐乐而不和其他小朋友一起玩。小诺慢悠悠地表示她只有乐乐一个好朋友,别人都不愿意和她玩。为此,老师在班里问孩子们,谁觉得自己是小诺的朋友,请举手,结果班里很多女孩子都举手了,而且还有人主动邀请小诺和她们一起玩。但是,依依说:"上次我去叫了她好几遍,她都不愿意,还说和我一起不好玩,那次我也生气了。"婷婷也悄悄地说:"小诺动作好慢啊,上回比赛的时候和她一组，我们组就输了！比赛的时候我不想和她分在一组！"莹莹说："小诺总问我她妈妈给她买的新衣服好不好看，我不喜欢她这样。"

案例分析

中班是学前儿童游戏大发展的阶段，孩子们不仅喜欢玩，而且越来越会玩，特别是与好朋友一起结伴玩的时候，孩子们的游戏更加丰富多彩、充满乐趣和想象力，往往越玩越带劲。中班也是儿童能够明白为人处世的一些规则、学习和小伙伴友好交往的阶段。所以，当孩子上中班后，父母别小看孩子交朋友的问题。父母要好好地观察自己的孩子是怎么和小朋友交往的，是不是有好朋友，是有很多好朋友呢，还是像小诺似的只有一个"好朋友"，或者只是独来独往。

小诺的情况表面上看起来是她只愿意和一个好朋友玩，实质上是她不知道怎么才能和其他的小朋友交往，怎么样才能成为一个让大家喜欢的人。设想一下：孩子眼巴巴地看着其他小朋友玩得热火朝天却不知道怎么加入的情景，妈妈能不着急吗？小诺妈妈看到了小诺缺乏社交能力的问题，但不知道问题的本质在哪里，相应地也缺少能够有效帮助孩子的方法。

与人交往是一门学问，造成小诺"只和一个小朋友玩"的原因是多种多样的。如果您家里的宝宝也有类似小诺这样的情况，不妨看看下面的分析：

1. 父母过度保护，孩子的交往能力得不到发展。

在这个案例中，小诺妈妈需要反思一下，是不是有对孩子过度保护的问题。孩子的社交能力是在与小朋友的交往中逐渐发展起来的，交往能力不仅包括和好朋友能够相处，也包括和不太友好的小朋友怎么相处。中班小朋友之间的交往不再像两三岁的孩子那样，只是在一旁看看就能得到许多满足，而是需要参与和互动的。孩子一旦有了交集，当然就可能出现争执和冲突。小诺妈妈怕自己的宝宝受欺负，为女儿挑选了性格温和的乐乐做朋友，按照妈妈的逻辑，如果发现乐乐也有欺负小诺的举动，一定会另择他人做朋友。在与乐乐的交往中，小诺只是感受到了和好朋友一起玩的乐趣，但是没有机会经历伙伴之间的不和、冲突、被拒绝等负面体验，所以，当班上小朋友的表现不像小诺预期的那样时，她就不知道该怎么办了。

小诺妈妈保护孩子的初衷是好的，但从孩子发展的角度看，适当减少保护，才能给孩子更多锻炼的机会。有的时候，不保护就是一种特殊的保护，过度保护反而会阻碍孩子的成长。

2. 孩子的交往意识比较弱和交往能力不足。

在情景一中，小诺只愿意和乐乐一个小朋友玩，缺乏和其他伙伴一起游戏的意愿。虽然小诺也想加入到娃娃家中游戏，但又不愿意接受不合自己心愿的角色安排，这种只希望按照自己的想法去玩的做法，也不容易被大家接受。还有，在情景四中，小诺也不能够对其他孩子的游戏邀请作出积极的回应，甚至会一而再再而三地拒绝其他小朋友的邀请，无意中打击了其他小朋友的交友热情，这显然不利于发展自己的朋友圈，难怪她只好拽着乐乐不放。而在情景二中，当乐乐自己也无暇帮助小诺时，小诺连好朋友的合理拒绝都接受不了，除了哭也没有别的办法可想了。

3. 孩子的天生气质比较内向。

生活中，有的孩子比较外向，喜欢和其他孩子一起玩，哪怕是陌生的孩子也无妨。即使和其他孩子发生冲突，他们也往往能信心满满地去解决，容易得到很多小朋友的欢心。也有一些孩子的天生气质偏于内向，不大愿意主动交往，在交往中比较消极。他们和比较熟悉的伙伴会玩得好些，和不熟悉的伙伴在一起时，就比较被动，甚至玩得不开心，这也反过来更加降低了他们交往的积极性，使他们越来越不自信，甚至害怕和新伙伴交往。

4. 缺少吸引其他小朋友的"个人魅力"。

小诺的妈妈努力打扮自己的宝宝，希望她受到小朋友的喜爱，应该说，好的外表是吸引人的一个方面。可惜，小诺在小朋友面前"炫耀"自己的新衣服，反而招致了小朋友的不喜欢。而小诺的一些个人能力又不足：画画不能很好地独立完成，比赛拖小组的后腿，情绪也控制不好，经常动不动就哭。凡此种种，都阻碍了小诺成为一个受小朋友喜欢的人。

专家建议

《3—6岁儿童学习与发展指南》中指出，人际交往和社会适应是幼儿社会学习的主要内容。幼儿在与成人和同伴交往的过程中，不仅学习如何与人友好相处，也在学习如何看待自己、对待他人，不断发展适应社会生活的能力。作为4～5岁的小朋友，他们应该喜欢和小朋友一起游戏，有经常一起玩的小伙伴，能与同伴友好相处。

1. 创造交往的机会，让幼儿体会交往的乐趣。

父母要做的不是过度保护，而是给孩子创造与小朋友交往的机会，鼓励自己的孩子参加小朋友的游戏，邀请小朋友到家里玩，感受有朋友一起玩的快乐。小诺妈妈怕孩子受到别人的欺侮，怕吃亏，替孩子找朋友。有的父母怕孩子和其他孩子在一起时会失去控制闯祸而吓唬孩子，使孩子变得胆小，怕见生人；还有的父母觉得孩子体弱，担心与人接触传染疾病，情愿让孩子闭门独处。这些做法都属于对孩子的"过度保护"，其后果就是使孩子失去交往的机会，无法体验交往的乐趣，阻碍孩子社会适应能力的发展。小诺妈妈因为自己小时候是一个没有朋友的人，体验到没有好朋友的不快乐，就更应该为小诺创设外出活动和与人交往的条件，鼓励孩子和周围更多的小朋友玩耍。和熟悉的小朋友一起玩可以促进孩子交往能力的发展，孩子在和陌生的小朋友的交往中更能锻炼交往能力。

2. 帮助孩子增强和小伙伴交往的意识，促进幼儿交往能力的发展。

比起小班的小朋友而言，中班孩子的伙伴意识大大增强，正是孩子学习和小伙伴友好交往的阶段。如果哪个孩子经常被其他小朋友排斥在外，成为不受欢迎的孩子，真是太不开心了。父母要交给孩子一些小技巧，帮助他们尽快交到更多的朋友。比如，《3—6岁儿童学习与发展指南》提到，4～5岁儿童应：

会运用介绍自己、交换玩具等简单技巧加入同伴游戏。

对大家都喜欢的东西能轮流、分享。

与同伴发生冲突时，能在他人帮助下和平解决。

活动时愿意接受同伴的意见和建议。

不欺负弱小。

有些孩子受到班上小朋友的广泛欢迎，人人都喜欢和他们做朋友。他们活泼开朗，善解人意，而且能从积极的角度看问题，不爱抱怨别人，让大家都开心；有比较强的交往能力，能很好地和小伙伴合作；个人能力比较强，一起游戏的时候会出很多好主意，比赛的时候能为团队增光；具有谦让和分享等让孩子融入集体的重要品质。父母帮助孩子建立了这样一些好行为，就不愁孩子交不到朋友了。

3. 帮助孩子意识到哪些是不受小朋友欢迎的行为，让孩子懂得带给别人愉快。

每个孩子都有自己独特的气质和交往方式，有些行为表现有利于交友，而有些行为的出现会导致孩子没朋友。案例中的小诺会缠着别人做不喜欢的事情，没来由地拒绝别人的好意邀请，不愿意尝试和新伙伴的活动，动不动就哭以吸引老师的关注，游戏水平比较低，让别人觉得跟她在一起毫无乐趣，爱炫耀等，在很多人缘不够好的小朋友身上都能找到类似的行为。

也有一些孩子是其他一些原因造成了不被小朋友喜欢。有幼儿园老师总结了班上"没人缘"的小朋友的表现：一是邋遢，因为太不注意个人清洁，游戏时小朋友都不愿意拉他的手；二是不守规则，游戏时不按规矩做，看到小朋友游戏就去捣乱，经常被小朋友"告状"到老师那里；三是自私，自己喜欢的玩具从来不让别人玩，或者和小朋友争抢玩具，分点心水果的时候总是挑最好的，小朋友有了困难他也不去帮忙。即使有些孩子自己各方面能力都很强，但小朋友依然会排斥他们。

其实，每个孩子都希望别人喜欢自己，他们很可能并没有意识到自己哪些行为带来了不好的后果，这就需要父母细心观察孩子是怎么和小朋友交往的，帮助孩子减少那些没人缘的行为。

4. 尊重孩子的意愿，赋予孩子自由选择小朋友的权利。

父母要多为孩子提供自由交往和游戏的机会，鼓励他们自主选择、自由结伴开展活动。如果父母能够放手，慢慢会发现自己孩子的一些交友特点：有些孩子更愿意和比自己小一点的孩子玩，喜欢那种当小哥哥或小姐姐的感觉；有些孩子喜欢和比自己大的孩子玩，觉得跟着大孩子更有乐趣。或许父母会担心自己的孩子和比他大的孩子玩会吃亏，但事实更可能是：孩子能学习小哥哥小姐姐那些更成熟的为人处世的方式；而与比自己小的孩子交往又可能学会耐心，学会照顾比自己弱小的人。

做法举例

小诺妈妈不再阻拦小诺和院子里的其他小朋友交往，还鼓励小诺邀请几个小朋友到家里来玩。虽然孩子们在游戏时会有些吵闹、有些小矛盾，但小诺妈妈克制住自己保护女儿的冲动，耐心地观察孩子们的表现。结果，小诺妈妈发现，大多数情况下，小朋友们是能够自己解决矛盾的。而且，一旦解决了纠纷，孩子们依然是好朋友。看到小诺在乐乐之外还有几个好朋友，小诺妈妈真是开心极了！

小诺妈妈带小诺出门的时候，鼓励她主动和左邻右舍打个招呼。小诺发现，每当自己甜甜地和大人打招呼的时候，都会看到对方的笑脸、得到对方的赞扬，说小诺真有礼貌。这大大增强了小诺和别人交往的信心，她越来越喜欢主动和别人打招呼了。

妈妈也会带小诺到别人家里做客，每次都会带上一些小礼物送给别人家的小朋友。小诺发现，每当小朋友拿到自己送的小礼物时，都乐滋滋的，小朋友的父母也鼓励自己的孩子和小诺分享玩具和美食，大家都很高兴。

有的时候，小诺希望加入到别人的游戏中，却被拒绝了。妈妈会对不开心的小诺说："没关系啊，被拒绝一两次不要紧，这次不行，以后再试试。"小诺看到一脸平和的妈妈，情绪很快就平复了。

资源链接

"做最受欢迎的孩子"（全 8 册）/ 美国 Highlights 杂志社

全书由特克斯和茵迪两兄妹日常生活学习的 55 个小故事构成。通过阅读这些生活小故事，孩子可以一点一滴、潜移默化地学会友善和关爱他人，学会耐心等待，学会思考和探索，学会合作和分享，学会应对生活中的意外，学会战胜恐惧，学会面对负面情绪，学会宽容和理解他人等。

"托马斯和朋友·和小火车一起交朋友"（套装 8 册）/HIT Entertainment

该书有 8 大主题，教给小朋友 20 个社交小技巧，让孩子快乐交朋友，积极融入幼儿园"小社会"！

"我想和你做朋友人际交往绘本"（套装 4 册）/ 艾伦·布拉培

4 册书可以看作孩子在成长中会遇到的 4 个场景：
如何交到一个好朋友？
如何和别人愉快的相处？
发现自己相对别人的不足时该如何面对？
家有二胎，孩子多了一个弟弟 / 妹妹该怎么接纳？

（夏菡撰写）

【案例6】"不听话"的小哥哥

案例介绍

顺顺是个刚刚过完5岁生日的小男孩,在幼儿园上中班。他有个1岁1个月的弟弟。爸爸妈妈都在银行工作,平日里由姥姥姥爷照顾兄弟两个。

情景一:幼儿园班级里,小朋友都在区域玩玩具,顺顺和班里其他一个小朋友一起玩拼插玩具,为了拿到自己想要的那个插片,顺顺从身边小朋友手里抢,小朋友不愿意,顺顺一把就把小朋友推倒了,然后自己哇哇大哭。老师走过去告诉顺顺:"不能抢小朋友手里的玩具,还有,你推倒了小朋友,你怎么还哭呢?"顺顺立刻就停止了哭,但是一句话不说。老师进一步引导他:"你想玩玩具可以和小朋友商量,他们就会和你一起玩的。"顺顺这才开始说话:"商量也没有用,在家里弟弟想玩什么就玩什么,拿我的东西,也不和我商量。他抢我的东西,我不给他就哭,他一哭,爸爸妈妈就会说我,并把我的东西拿给弟弟。"

情景二:一天下午接园时间,顺顺看见妈妈来接了,很高兴地跑过去对妈妈说:"妈妈你看我画的幽灵城堡,好看吗?"妈妈拿着顺顺的外套着急地说:"快点穿衣服吧,赶紧回家,弟弟在家等着呢。"说着就快速地给顺顺穿好衣服,拉着他就走了,走到院子里,顺顺看见好朋友在一起玩溜溜球,说:"妈妈,我想去和他们一起玩一会儿。"妈妈很坚决地说:"不行,回家陪弟弟玩,赶紧走了。"顺顺不听,挣开妈妈的手就跑到小朋友那里去了。这时候,妈妈很生气地跟过来大声呵斥:"你怎么这么贪玩!一点都不听话!"顺顺央求妈妈:"就玩一会儿。"妈妈根本不听,强硬地把顺顺拉走了,顺顺无奈地边走边回头看小伙伴们玩溜溜球。

情景三:晚上吃完饭,顺顺在看动画片,妈妈在厨房洗碗,弟弟拿着遥控器无意中把频道换了,顺顺一看自己的动画片换走了,就着急向弟弟要遥控器:"给我遥控器,哥哥在看动画片呢。"这时弟弟拿着遥控器跑到了妈妈身边。顺顺追过去执意要拿回遥控器,弟弟手握着遥控器抱着妈妈的腿哼哼着不愿意给顺顺。顺顺伸手要拿回弟弟手里的遥控器,弟弟哇哇大哭。这时,妈妈对顺顺说:"你是哥哥就让着点弟弟,不要老惹他哭。"顺顺说:"我也想看动画片,而且现在是我看动画片的时间,他不能捣乱。"这时妈妈有点不高兴地说:"你还顶嘴!你是哥哥,怎么就不能让着点弟弟呢!"这时,顺顺也哭了,妈妈说:"你哭什么啊哭,都没有哄好弟弟,你还哭!男子汉,动不动就哭。"顺顺委屈地哭了:"什么都让我让着他。"说完跑回自己的房间,"砰"的一声关上门大哭起来。

案例分析

该问题的本质在于身份变化给顺顺带来了明显的失落感。在多子女家庭中,出生顺序会成为孩子成长的一大影响因素。每个孩子会因为排行的不同成长在不同的情境下,即便是生活在同一个家庭中,也会如此。这一观点在著名心理学家阿尔弗雷德·阿德勒(Alfred Adler)的论著中,有非常全面而深刻的描述。① 具体到本案例中，对 5 岁的顺顺来说，作为"独子"的身份在家中有四年唯我独尊的时光。因为彼时家里只有一个孩子，顺顺自然成为家庭的焦点，享有父母全部的爱，占有家中所有的资源。弟弟的到来，改变了顺顺在家中的角色身份，从"独子"变为"长子"。此时，顺顺不再是父母唯一的孩子，自然不再享有来自父母百分之百的关注，也不再是家庭里唯一的宝贝，所有的资源都面临着被"割去一半"的风险。这种角色的转变对顺顺来说是巨大的生活事件，父母有责任帮助顺顺一同面对，顺利完成角色转变所带来的各种问题。如果顺顺接纳了新的角色，并作好了相应的心理准备，那么便不会因为"爱被分享"产生强烈的失落感，能更积极地面对因为弟弟到来所带来的生活中的变化，成长为"更懂事"的哥哥。否则，顺顺则会因为巨大的心理落差产生各种情绪以及行为上的变化，埋怨甚至拒绝弟弟的存在，在幼儿园和家庭生活中逐渐成长为"不听话"的哥哥。

因此，在多子女家庭中，父母如何分配自己的时间、精力和爱，尽可能平等地对待每一个孩子，关照到不同排行子女的生长需要和心理特点，平衡因为出生顺序所带来的各种问题，是育儿中非常重要的方面。特别是母亲，没有平衡好对两个孩子的方式和态度，一味坚持"大让小"导致母爱的天平严重失衡，不仅会影响长子的成长，也不利于次子的发展。

1. 孩子切身感受到了冷落和不公平待遇。

每个长子都曾经享受过一段独生子唯我独尊的时光，会受到大量的关怀和宠爱，习惯于成为家庭的中心。次子的出生促使长子不得不面对一个新的情境——与另一个孩子分享父母的爱。如果这种身份的转变是在毫无准备的情况下发生，长子所受到的困扰会更多更大，甚至可能会发生一些"退行"行为（即受到挫折或面临焦虑、应激等状态时，恢复到小时候的模样，用幼

---

① 奥地利心理学家阿德勒（1870—1937 年，个体心理学派创始人）最早提出，出生次序会影响个体的生活风格。长子或长女在头几年中会享受到家中独生子女的优越身份，等到弟妹出生后，力图保持自己先前的权威和特权；老二常常想迎头赶上，反抗和嫉妒其兄或姐；排行最后的孩子，始终被当作婴儿看待，总希望得到别人的帮助和关怀。

小的状态来缓解焦虑），例如已经不尿床很久了又开始尿床、要求使用奶瓶喝水或牛奶、吃手指等，更严重的可能会出现抢喝母乳或者掐、打、咬弟弟妹妹等现象。

如果长子的确因为弟弟的到来而遭受了冷落和不公平的对待，产生各种情绪是很正常的反应。原本享有的照顾、关注和赞赏因为弟弟的存在被分去了一半甚至更多，同时还失去了很多属于自己的权利和机会，长子的情绪反应自然是伤心、难过、委屈、不满，甚至是怨恨。失落的长子会企图通过多种途径来争取自己的利益，特别对那些尚且年幼的长子，为了重新赢回父母的关注，可能会作出一些让父母无法忽视的恶劣行为，为争宠而战。如果父母此时不能理解长子的情绪和行为，并对这种争战给予反击，那么长子的脾气会变得更加暴躁，反抗也更激烈，更讨厌和嫉恨次子。

2. 母亲对长子的忽视和对次子的偏爱。

在有了第二个甚至更多的孩子之后，父母很自然地将关注从长子身上转移到其他的孩子身上，并想当然地认为，越小的孩子越应该得到更多的关注。不可否认，小婴儿在各方面都更需要父母的照顾，特别是来自母亲的呵护。但在多子女的养育中，父母也应该关注年长的特别是长子的心理变化。没有任何一个孩子会像长子那样体验到强烈的失落感，因为只有长子体验过独子的时光，有过独占照顾和关怀的经历。父母特别是母亲需要理解，5岁的顺顺虽然从身份上已经是"哥哥"了，但从实际年龄来看，也只不过是个孩子。顺顺有着跟其他5岁小孩一样的心理需要，例如希望家长看到自己在幼儿园的学习和进步，能有机会跟其他的小朋友一起玩，能被父母欣赏和陪伴，合理的要求能被父母满足等。如果此时母亲一味地偏爱更小的孩子，冷落大的孩子，想当然地认为"当了哥哥就应该懂事，做榜样"，则会给长子的心理带来阴影和伤害，严重时会影响到长子性格的健康发展。

3. 母亲对子女间冲突的处理方式不当。

当多子女之间出现争执或矛盾的时候，父母处理问题的方式尤为重要。父母对子女间冲突的处理方式能显示出家庭的规则、家庭成员之间的界限、父母所秉承的价值观以及对不同子女的态度和要求。情绪不冷静、看问题不客观、处事不公平公正、不分青红皂白一味坚持"大让小"等不当处理方式都容易激化子女之间的矛盾，增加亲子冲突，不利于良好家庭关系的建立。父母在要求孩子做榜样的同时，自己首先应该成为孩子的榜样。只有体验到爱的孩子才能将爱传递出来，被父母尊重的孩子才会去尊重别人，被父母接纳的孩子才有胸怀去接纳他人。

专家建议

《3—6岁儿童学习与发展指南》指出，成人应引导幼儿尊重、关心长辈和身边的人，给幼儿讲讲父母抚育孩子成长的经历，让幼儿理解和体会父爱与母爱。要结合实际情境，提醒幼儿注意别人的情绪，了解他们的需要，给予适当的关心和帮助。

对于多子女家庭来说，父母需要让子女了解生活在多子女家庭中与独生子女家庭的不同，从积极的视角帮助不同的子女特别是长子看到有兄弟姐妹后生活的变化和意义，接纳年幼的弟弟和妹妹的存在，建立团结友爱的兄弟姐妹情。在尊重长子的心理和精神需要的基础上，让长子明白身为哥哥的意义、价值、责任和义务。

具体对策：

1. 家长应当帮助长子更好地接纳自己的新身份。

对于有计划抚养多子女的家庭来说，在二胎出生前，父母应该征求老大的意见。和孩子进行充分沟通，真实地告诉他弟弟妹妹到来后的好处。比如可以互相陪伴，一起长大，成为最好的朋友，将来爸爸妈妈老了，可以一起照顾爸妈，可以减轻负担。要告诉孩子真实的情况而不要撒谎。有的爸爸妈妈害怕孩子担心，瞒着孩子有弟弟妹妹要出生，或者常常开玩笑说，你不听话就不要你了，再生一个弟弟妹妹。这些都会加重孩子的焦虑情绪，不如实话实说，并且和孩子一起期待小宝宝的降临。要让孩子明白，弟弟妹妹并不是来取代他的，他是不可取代的，弟弟妹妹和他一样，都是爸爸妈妈的孩子，都是家庭的一分子。不要对孩子说"弟弟妹妹出生以后我们就不爱你了"，孩子不懂得玩笑话，他们会信以为真。

在有了弟弟或妹妹后，父母要注意与长子进行沟通，用语言和行动让孩子感觉到父母是全心全意爱着自己的，在日常生活中更应该留心观察大孩子的心理变化。可以经常对他说"你是我们的第一个孩子，也是家里最大的孩子，我们给你百分之百的爱，也会给即将出世的弟弟妹妹百分之百的爱，我们爱你！"此外，父母还应该理解，大的孩子依然是孩子，他不会因为有了弟弟或妹妹就一夜之间长大懂事。父母应该努力从孩子实际年龄的角度而不是身份改变的角度去接纳孩子的各种行为表现和情绪反应，理解长子因为不得不去"共享父母"而引发的各种失落、难过、嫉妒和不满，接纳孩子因为不安全感增强、焦虑感增加、存在感降低、受关注减少而产生的各种"问题行为"。

让大孩子承担力所能及的照料活动，不管做得如何，父母都要对孩子的努力给予充分的肯定，并强调因为孩子的参与，父母觉得非常开心和欣慰，而且的确帮了很大的忙，增强大孩子在做事时的价值感和自豪感。还可以让大孩子帮爸爸妈妈拿宝宝的尿布或奶瓶。这样大孩子会觉得自己和弟弟妹妹之间有联系，会积极参与到照顾弟弟妹妹的事情中去。

2. 家长需要平衡自己的感情投入，不能让孩子感觉到明显的偏差。

当家长需要同时照顾两个孩子的时候，虽然不能平均分配时间，但是可以在有空陪伴一个孩子的时候提高陪伴的质量，发现孩子的心理需求（如孩子同伴交往的需要和被人认可的需要），给予积极回应，这样可以达到事半功倍的效果。尤其是对待第一个孩子，需要家长专门抽出时间陪伴，让孩子感受到父母对自己的爱没有减少（而不是陪伴时间没减少），孩子才能获得安全感。

适当维护第一个孩子的权利，不能因为第二个孩子小而给予过多特权。

所谓"兄友弟恭",哥哥应该友爱弟弟,弟弟也应该恭敬哥哥。父母应尽可能地兼顾两个孩子的不同需求,在尽量公平公正的前提下,平衡孩子之间的冲突和问题。具体问题具体分析,不能"一刀切"地对待所有事情,尤其不能一味地坚持"大让小"来处理纷争。父母可以用优秀传统道德故事和发生在身边的真实案例潜移默化地教育孩子。孩子在这个年龄都是希望做"好孩子"的,要告诉他怎么做一个好哥哥或好弟弟,而不要只是在孩子做不好的时候简单地批评孩子,尤其不要随便给孩子贴标签,诸如"不听话""不懂事""不是好榜样"等。

多陪伴孩子,采取一些手段逐渐缓解孩子的情绪。比如孩子不愿意一个人睡觉,家长可以循序渐进,先分床,再分房,在睡前可以先在房间里和孩子一起读书、听音乐,让他放松下来,当孩子需要的时候,能够马上回到他身边,当他害怕或是紧张的时候,及时安抚他的情绪,不要急着要求孩子长大,给他一段适应的时间。

3. 家长应当"一视同仁"地对待家里的每一个孩子。

家长教育的基本原则是"一视同仁",但具体问题应区别对待。父母一方面要努力做到"一视同仁",同类的事情要用同样的标准去要求,比如弟弟过生日外出聚餐,那么哥哥生日的时候也应该如此。在给弟弟增添东西的时候也要考虑到哥哥。另一方面,有些事情也需要区别对待,比如,在购买玩具或者做事情的时候,父母不妨特别强调这个玩具只有大孩子才能玩,这个活动只有大孩子才能去做,弟弟太小就玩不了、做不了。这种强调可以使大孩子感受到自己在父母心中依然有地位,感受到父母理解自己在有了弟弟妹妹之后的"损失",明白自己是老大才能拥有这些独特的"权利",进而能够明白弟弟妹妹是更小的孩子,他们也有小孩子的一些独特的"权利"。

4. 恰当处理子女间的冲突。

家长不要认为大孩子在弟弟妹妹出生之前已经得到了父母很多的爱,现在该把爱分给弟弟或妹妹了,不要以为大孩子理应懂得分享,不要急着用"哥哥姐姐"的标准来要求孩子。一般说来,幼儿阶段的孩子还不能很好地形成分享的概念。孩子要学会分享，养成分享的习惯，不是一蹴而就的。此外，不要总是让老大把他的东西分给弟弟或妹妹。"其实，当老二出生之后，更应该重视对老大的关爱，甚至可以适当对老大偏心一点。"小一点的孩子出生时，老大的年纪也还小。这时，和思想远未成熟、心理还稚嫩脆弱的老大讲道理，用处是有限的。孩子有占有欲，新奇的东西、喜欢的玩具，都是他的宝贝，要求他让给别人，孩子一时无法接受。这个时候，不要给孩子过多的压力，强迫他懂得自己是一个"大孩子"，可以在平时生活中，让孩子参与到照顾小宝宝的事情当中来，让孩子感觉到被信任、被赋予一些责任，并且，他有能力承担这些责任，逐渐建立起他和弟弟妹妹的感情，自然而然地，孩子们就会玩到一起。

5. 幼儿园应当关注来自多子女家庭的长子（女）的特别需要。

从20世纪80年代至今，受国家政策的影响，幼儿园中的孩子多为独生子女。如今，二胎政策放宽后，会出现越来越多的多子女家庭，那么学前教育的内容和方法也需要相应变化。不妨多学习美国等西方国家的一些做法或理念，例如，美国有的幼儿园会给有了弟弟妹妹的孩子举办小型聚会。"温迪（Wendy）有弟弟了，温迪当上姐姐了，多高兴啊！我们大家祝福温迪吧！"然后小朋友纷纷给温迪送上小礼物，有的送给她画，有的送给她剪纸。幼儿园还特别准备了好吃的，大家高高兴兴地庆祝一番。"我是非常重要的人"，这种想法对任何人都会有很大帮助。给有了弟弟或妹妹的孩子开个庆祝会，可以让孩子产生这种想法，这样孩子也不会感觉到孤单。此外，幼儿园也可以在阅读区投放一些书籍帮助儿童渡过这个时期。

做法举例

妈妈接顺顺放学，顺顺骄傲地向妈妈展示今天手工课的成果，妈妈认真地欣赏着顺顺的作品，并投以赞许的目光："好宝贝，做得真不错，咱们快点回家也跟爸爸分享一下吧。"走到院子里，顺顺看见其他的小朋友在玩沙包，跟妈妈说："妈妈，我想跟他们玩一会儿。"妈妈蹲下身，摸着顺顺的头，温柔地说："妈妈知道你想跟小朋友玩，可是今天我们跟弟弟约好了要一起看漫画书的，还有，爸爸还在等着看你漂亮的手工作品呢。今天就先回家吧，妈妈答应你，周六带你去好朋友的家里，让你们尽兴地玩一天，好不好？"顺顺想了想，觉得妈妈说的很有道理，就牵着妈妈的手回家了。妈妈很欣慰地说："顺顺真是越来越懂事，越来越像大哥哥啦。"

  顺顺在看动画片，弟弟走过来玩耍遥控器，不小心调换了频道，顺顺想去拿回遥控器，弟弟不给，俩人哭闹着来到了妈妈身边。顺顺委屈地大叫："他抢走了遥控器，不让我看动画片。"弟弟将遥控器抓得更紧，跑到妈妈的身后。妈妈蹲下来，安抚顺顺："别着急，顺顺，弟弟还小，不知道看电视的，他只是觉得遥控器好玩才拿走的，不是故意不让你看动画片的。"妈妈转过身问弟弟要遥控器，弟弟不给，妈妈故作无奈地看着顺顺说："你看，妈妈要也不给呢，不如我们一起想个办法吧。顺顺你觉得呢？"顺顺突然跑进卧室，拿出弟弟平时最爱的小皮球，在屋子里拍来拍去。果然，弟弟马上放下遥控器去追逐小皮球了。妈妈将遥控器递到顺顺手里，赞许地说："嗯，真是个不错的办法！既然弟弟已经让你继续看动画片了，那么待会儿动画片结束后，要好好陪弟弟玩一会儿哦。"顺顺高兴地点点头，继续去看动画片了。

资源链接

《现在你是哥哥了》/ 克劳迪娅·斯科帕（文），科尔斯顿·斯特哈斯曼（图）

  随着妈妈的肚子越来越大，格里高尔已经不能再像以前那样和妈妈一起玩耍了，对此他很伤心。通过陪妈妈去产检，格里高尔看到了"黑白"色的小宝宝，失望的他去找好朋友寻求建议，结果让他更加担心以后的生活。格里高尔带着忐忑与期待的心情与全家人一起准备迎接小宝宝的到来。一切都显得那么顺其自然,小妹妹弗洛伦蒂娜出生了,但是格里高尔并没有准备好做一个哥哥。小宝宝不停地哭闹,爸爸妈妈十分疲惫,家里已经一团乱,根本没人照顾格里高尔。直到有一天格里高尔将安抚奶嘴放进弗洛伦蒂娜的嘴里,并开始和她一起玩积木,快乐幸福的生活开始了。

《汤姆的小妹妹》/ 玛莉 – 阿丽娜 · 巴文(图),克斯多夫 · 勒 · 马斯尼(文)

小兔子汤姆有了一个小妹妹,从最初的好奇,到心里有些许失落和委屈,再到全心呵护妹妹,得到父母的肯定和鼓励,汤姆俨然已经成长为一个可以照顾和保护妹妹的小小男子汉了。小小的故事有波澜、有温馨、有感动,一个孩子的成长轨迹跃然纸上。孩子在成长过程中时刻都保持着一颗好奇心,小小的心灵敏感又脆弱,需要父母的时刻呵护,也许一个小小鼓励就能给他带来无穷力量。和宝宝一起分享这个故事吧,没准他也能拍着小胸脯告诉你:"我也能照顾好小妹妹的!"

《你们都是我的最爱》/ 山姆 · 麦克布雷尼(文),安妮塔 · 婕朗(图)

熊爹地和熊妈咪每天都告诉三个熊宝贝"你们是世界上最棒的熊宝宝"。但是有一天,小熊宝宝开始好奇,到底爹地和妈咪最喜欢谁呢?他们不可能都是爸爸和妈妈的最爱呀……这本书给孩子一个肯定和鼓励:你就是你,你有你的特色,爸爸妈妈爱你只因为你是他们的孩子。这种"爱的保证"在孩子成长中是最重要和最可贵的,它让孩子安心自信地在爱中成长。

(张雯撰写)

【案例7】只听奶奶的话的孩子

案例介绍

豆豆,男孩,5岁2个月,平时主要由奶奶照顾和接送。豆豆妈妈工作较忙、压力较大,常常加夜班。爸爸经常出差,爸爸认为"照顾孩子、带孩子是女人和老人的事儿,哪有男人看孩子的"。寒暑假豆豆都是跟着奶奶回老家度假。

情景一:清晨入园,在班级门口,豆豆搂着奶奶:"奶奶第一个来接我!……拉勾勾……"拉完勾,奶奶答应第一个来接,将豆豆往老师前面推,老师一伸手,豆豆又转身抱住奶奶:"奶奶你不要走,我想和奶奶在一起……"奶奶假装板着脸:"豆豆,你都5岁了,你长大了,就要上大班了,不能再这样了!奶奶再抱一下就走了!"此时的豆豆已经哭成小泪人,奶奶抱了一下豆豆,把豆豆的手递到老师手里。老师拉着豆豆往班里走,豆豆一边哭一边回头说:"一定第一个来接我啊!"

情景二:放学了,"豆豆,你爸爸来接你了!"老师喊豆豆。豆豆站起来一看是爸爸,哇的一声就哭了:"我要奶奶!我要奶奶来接我!"豆豆站在教室里不肯出来，爸爸尴尬地站在教室外边。老师从教室里将豆豆送到爸爸跟前，爸爸拉着豆豆的手说："豆豆啊，今天爸爸有空来接你，你还哭鼻子，爸爸可要不高兴啦！"豆豆哭得更厉害了："我就要奶奶来接我！"爸爸哄了一下不见奏效，于是板着脸："你不要爸爸，爸爸就走了啊！"豆豆一下子止住了眼泪盯着爸爸。爸爸见状说："今天爸爸有空，正好来接你。奶奶在家等着你呢，爸爸带你回家吧！"豆豆挂着眼泪跟着爸爸走了。

情景三：一天周末，爸爸妈妈都在家。一起吃饭时，妈妈说："豆豆要多吃青菜，别光吃肉。"豆豆不理，继续挑肉吃。爸爸接着说："妈妈说得对，多吃点青菜。"豆豆看了看爸爸和妈妈，说："我就喜欢吃肉！"说完看了看奶奶。奶奶看爸爸妈妈说话都不太管用，就说："豆豆，多吃青菜，长得更快，来，奶奶给你夹菜。"豆豆没有拒绝，把奶奶夹到碗里的青菜吃了。爸爸妈妈面面相觑。

案例分析

该案例的问题本质是：父母给予豆豆的陪伴过少，豆豆没有和父母建立起安全型的依恋关系，奶奶替代父母成为与豆豆一起成长的重要他人。孩子成长需要父母给予充分和高效的陪伴，但父母往往比较忙，会将孩子交给老人或保姆照管。老人或保姆充当了父母的角色，孩子就会与老人或保姆建立依恋关系。豆豆就是这种情况，豆豆将对父母，尤其是将对妈妈的依赖和感情完全转移到了奶奶身上，将奶奶看作妈妈，所以听奶奶的话，让奶奶接，包括分离焦虑都是和奶奶的。具体而言，可能原因如下：

1. 父母与孩子之间未建立安全型的依恋关系。

依恋（attachment）是指婴儿与照料者（主要是母亲）之间存在的一种特殊的感情关系，用以描述母婴之间的一种亲密感情联结。[①] 英国心理学家约

---

① 张文新：《儿童社会性发展》，北京师范大学出版社1999年版。

翰·鲍尔比（1969）认为依恋的表现形式主要有：分离时的紧张和寻找；重逢时的愉悦和轻松；并对陌生人形成一种排斥倾向。依恋的目的在于为孩子创造一个舒适安全的环境，帮助孩子建立爱心、信任以及安全感，帮助孩子健康地发育成长。依恋是逐渐发展起来的，儿童在出生后 6～7 个月时开始出现，0～3 岁是形成亲子依恋关系比较关键的时期。美国心理学家玛丽·爱因斯沃斯（1978）根据陌生情境下幼儿与母亲分离、重聚以及陌生人在场时的表现，把儿童的亲子依恋划分为安全型、回避型和矛盾型三种类型。其中安全型依恋关系是指孩子在母亲在场时能自在地游戏和探索；母亲离开时，孩子会出现情绪困扰；但母亲回来时，就去亲近他，他的情绪容易平静下来。回避型亲子依恋关系是指母亲在场或不在场对儿童影响不大，母亲离开时，儿童并无忧虑表现；母亲回来了，往往不予理睬，虽然有时也会欢迎，但是短暂。矛盾型依恋的孩子每当母亲离开时都大喊大叫，极度反抗；但当母亲回来时，他的态度又是矛盾的，既寻求安抚，又拒绝接触。安全型依恋感的建立是儿童情绪健康和人格完善发展的重要基础，它使婴幼儿经常快乐，更容易同他人接近并建立友好关系，更愿意认识和探索新鲜事物。研究表明：良好的母婴依恋能够促进儿童社会化，形成良好的情绪、道德和人格，而且这种影响力将持续个体的一生，并具有代际传递功能。

2. 父母工作太忙，无暇也不愿意抽出时间陪孩子。

豆豆妈妈经常加班，豆豆爸爸经常出差，根本没有时间陪伴豆豆，只得让奶奶照顾。即使不加班不出差的时候，父母肯定也希望有自己的时间，休息或休闲，而不愿意照顾豆豆。所以假期时，也是奶奶带着豆豆回老家。

3. 父母不了解孩子的心理需求，不会和孩子有效沟通。

父母都是爱孩子的，豆豆的父母也不例外，他们也想和豆豆交流沟通。所以豆豆爸爸会在幼儿园放学时接豆豆离园，豆豆妈妈提醒豆豆多吃青菜。这都说明豆豆的父母还是愿意参与到豆豆日常生活中的，只是不太知道怎么和孩子沟通。在和孩子沟通中父母都比较习惯用威胁或讲道理的方式。比如爸爸接园，豆豆看到不是奶奶来接就哭了，爸爸哄了一下不奏效，于是板着脸说:"你不要爸爸,爸爸就走了啊!"豆豆只好忍着眼泪和爸爸一起走了。这种沟通方式其实对孩子不太奏效,即使当时奏效了,其实也是孩子在压抑自己的情绪,并没有解决实际的问题。

4. 豆豆爸爸认为"照顾孩子、带孩子是女人和老人的事儿,哪有男人看孩子的",这样的思想直接影响了陪伴豆豆的行为。

爸爸将带孩子看作是女人和老人的事情,自然不会有意识地陪伴孩子,或有意识地与豆豆进行有效沟通和陪伴。因此爸爸育儿观念的改变也是我们教育中的重要课题。

专家建议

《3—6岁儿童学习与发展指南》指出,幼儿社会领域的学习与发展过程是其社会性不断完善并奠定健全人格基础的过程。人际交往和社会适应是幼儿社会学习的主要内容,也是其社会性发展的基本途径。幼儿在与成人和同伴交往的过程中,不仅在学习如何与人友好相处,也在学习如何看待自己、对待他人,不断发展适应社会生活的能力。良好的社会性发展对幼儿身心健康和其他各方面的发展都具有重要影响。

家庭、幼儿园和社会应共同努力,为幼儿创设温暖、关爱、平等的家庭和集体生活氛围,建立良好的亲子关系、师生关系和同伴关系,让幼儿在积极健康的人际关系中获得安全感和信任感,培养自信和自尊,在良好的社会环境及文化的熏陶中学会遵守规则,形成基本的认同感和归属感。

良好的亲子关系需要成人,尤其是父母,积极为幼儿创设,帮助幼儿在人际交往中完成社会适应,促进社会性发展。学习与人相处,学习如何看待自己,看待他人。

具体对策：

1. 父母应该尽量多地给予豆豆高质量的陪伴时间。

父母对幼儿情绪情感的稳定和健康发展起着极为重要的作用，也对幼儿社会性行为和交往的发展、道德品质和行为的形成具有直接的影响。如果父母工作确实忙，可以利用周末或晚上回家有限的时间，高效率地陪伴幼儿。多倾听幼儿讲述，多以游戏的方式与幼儿一起玩，坚持睡前亲子阅读等，这些都是父母提高陪伴质量的方法。通过这样的方式幼儿与父母能更容易建立起信任和亲密的亲子关系。

2. 父母应多学习与幼儿沟通的方式，避免简单粗暴的沟通方式。

建立良好亲子关系的重要方式就是用幼儿能理解、能明白的方式，与他沟通，并用身体力行的方式教会幼儿表达感受。这往往需要父母有足够的耐心，采用有效的沟通方法。父母应积极学习与幼儿沟通的方法，以游戏的方式，让幼儿理解和接受。避免使用威胁恐吓甚至打骂的方式与幼儿沟通。

3. 爸爸要积极参与到育儿中，多陪伴孩子。

爸爸对孩子成长的影响至关重要，爸爸应转变观念，积极参与到亲子教育中。爸爸对于幼儿，尤其是男孩的性格形成有积极作用。新时代育儿是立体化的，已经不是老人和女人带孩子的简单的状态了。因此爸爸应转变观念，参与其中。

4. 幼儿园应引导父母积极参与幼儿成长，家园共育。

幼儿园应多组织家长学校等形式的活动，让家长了解幼儿身心发展规律，使父母了解学前阶段父母参与幼儿成长的重要性和具体方法。同时，引导父母参与幼儿园的各项活动，鼓励父母，而不是老人或保姆替代父母参与。利用现有网络手段，积极与父母沟通，让他们了解幼儿在园情况，影响父母参与亲子教育。

做法举例

爸爸接园，豆豆哭。爸爸说："豆豆想奶奶来接你，对吧？"豆豆不语，继续哭。爸爸继续说："爸爸也希望和奶奶一起来接你，但奶奶在家给你做好吃的，等着你回家呢，我们走吧！"豆豆尽管不太情愿，但还是拉着爸爸的手，跟着爸爸走了。

资源链接

《爸爸，你爱我吗？》/ 斯蒂芬·迈克尔·金

这是一个关于父子亲情的故事，一个不善言语的父亲，用自己的方式表达着对儿子的爱。这也是一个启发父子亲情的故事，让父亲知道可以结合自己的特长，给孩子一个不一样的爸爸……

"小熊和最好的爸爸"（全7册）/ 阿兰德·丹姆（编文），亚历克斯·沃尔夫（绘）

这套书里有一对小熊父子，记录着熊爸爸和小熊一起成长的过程，无论他们一起经历什么，熊爸爸都温暖地守护着小熊，同时教给小熊成长中要学会的一切，故事里充满了熊爸爸对小熊浓浓的爱。亲子共读时，相信每一个孩子都能感受到爸爸对自己的爱。

（贾维撰写）

【案例 8】为父母学习的孩子

案例介绍

金金,男孩,5 岁 4 个月,性格内向,平时在幼儿园只上半天,下午爸爸接走去上各种学习班。在幼儿园,不太能融入小朋友的游戏,交往能力较差,对幼儿园的课程也不太理解,总是坐着发呆,回答问题不主动。

金金的妈妈是银行高管,爸爸是搞证券投资的。爸爸妈妈高龄得子,对孩子的成长有自己的规划,要把他培养成为"精英",从 3 岁开始就安排了各种学习班,学习钢琴、美术、轮滑等等,各种课几乎占据了金金每天的时间和生活。

金金的日常学习课表

	星期一	星期二	星期三	星期四	星期五	星期六	星期日
上午	幼儿园	幼儿园	幼儿园	幼儿园	幼儿园	数学	数学
下午	数学	科学	绘画	数学	轮滑	英语	钢琴
晚上练习时间	语文 钢琴	钢琴 冰球	数学 语文	钢琴 冰球	语文 钢琴	英语 钢琴	钢琴

情景一：幼儿园午饭后，孩子们都在散步，然后听到有孩子喊："金金，你爸爸又来接你去上课啦！"金金看到爸爸，站在那里不动，爸爸说："快点准备，我们要去上滑冰课了，不能迟到，要不后面的钢琴课就上不了了。"金金说："我不去，我要和小朋友在幼儿园玩。"爸爸一言不发，硬拉着金金急急忙忙地离开了。

情景二：幼儿园活动时间，金金坐在小椅子上打瞌睡。老师手机响了，原来是金金爸爸发来了微信："老师，这是金金最近新学的曲子，请老师欣赏。"紧接着一个弹钢琴的视频发过来。过了一会儿，金金打冰球的视频又发了过来，爸爸详细地跟老师介绍是什么比赛、进行到什么程度、教练表扬金金的一些话……老师感到很无奈。

情景三：第一次轮滑课，孩子们一个个都站不住，刚站起来就摔倒在地，只见金金动作标准，"嗖"地从旁边飞过，绕着同伴们一遍遍地滑。小朋友很羡慕地夸赞说："滑得真好啊！"金金说："我很小的时候爸爸就让我学轮滑了，他说他小时候没有学过的东西都要让我学会，我要比他还厉害。"但是，他的眼睛里却闪烁着淡淡的忧伤。

情景四：周末，金金要求不去上学习班，和爸爸妈妈一起去动物园看熊猫，但父母不同意，并说将来想成为比爸爸妈妈还厉害的人，就得好好学本领。

案例分析

该问题的本质是父母对金金的期望太高，超过了金金的年龄、智力、身体等方面的极限。父母的期望可以成为儿童成长的动力，即心理学中的"皮格马利翁效应"，也称"罗森塔尔效应"，教师的期望会潜移默化地影响学生，会化作学生发展成长的动力，让学生变得更加自尊、自爱、自信、自强。但这种动力的本质是外在的期望转化为内在发展的动力。而本案例中金金的情况则是，父母对金金有较高的期望，但这种期望不是通过潜移默化的方式影响金金，让金金转化为自我发展的内部动力，而是通过严格的要求、硬性的安排、说理式的说教等外在形式约束金金，不仅没有让金金更加自尊、自爱、自信、自强，反而让金金对学业产生了厌烦感。父母的期望本是促进儿童发展的动力，在金金家里却变成了外在的阻力，其原因在于父母只为实现自己的梦想，而没有考虑金金还是个孩子，他的身心发展有其自身的规律，这些硬性的安排一方面不符合儿童身心发展的规律，也违反了儿童健康发展的天性，因此良好的期望变得事与愿违。

如何培养孩子成才是一门学问，导致金金"为父母学习"的原因是多种多样的。如果您家里的宝宝也有类似金金这样的情况，不妨看看下面的分析：

1. 满负荷的学习安排不符合儿童身心发展的规律。

从金金的日常学习课程表可见，金金每天在满负荷地学习，几乎没有休息和做游戏玩耍的时间。金金还只是一个5岁的孩子，心理实验证明：5～6岁儿童的注意力维持时间只有15分钟，容易因新异刺激而分心，因此金金的注意力还不能长时间集中，满负荷学习效率不会太高。另外，4～5岁时，幼儿的"再认"能力发展得较好，但相比之下，"回忆"就相形见绌，大概4岁左右，幼儿就出现了自传体记忆，即对自己生活中重要的事件和体验的记忆。金金的众多学习内容都需要记忆，为了提高他的记忆效果，最好能增加他的生活体验，而金金学习内容的安排，并没有考虑到幼儿记忆发展的特点，这样金金学习内容的记忆效果可能并不理想。

4～5岁时，幼儿识别和解释他人情绪的能力也有所提高，他们能够准确地推断一个人是否高兴、愤怒、悲伤等情绪，这些情绪的发展，有利于他们社会性的发展。幼儿的友谊更多的是建立在陪伴、游戏和需求乐趣上。幼儿与小朋友一起游戏可以促进他情绪识别能力和情绪理解能力等社会性发展，但本案例中的金金，由于与小朋友正常游戏玩耍的时间较少，因此社会性发展并不充分，表现为在幼儿园，不太能融入小朋友的游戏中，交往能力较差。此外，金金满负荷的课程安排，也远远超过他身体、心理的极限，没有休息调整的时间，让金金过度疲惫，表现为幼儿园活动时间，金金坐在小椅子上打瞌睡。综上所述，金金的满负荷的课程安排，并不符合幼儿注意、记忆、情绪和社会性发展的特点和规律，因此形成社会性发展滞后的问题。

2. 硬性的课程安排和要求，阻碍了孩子自主性的发展。

在幼儿心理成长的过程中，3～5岁正经历人生的第一个"反抗期"。这一时期的孩子活动能力增强了，不再像以前那样听话，凡事总想摆脱大人的约束，试一试自己的能力。实际上，这种"反抗"心理正是幼儿独立品格形成和自我发展的重要标志。

金金的家长给金金安排了大量的课程，周末，金金要求和爸爸妈妈一起去动物园看熊猫，但他父母要求他必须上学习班，而且，每天下午都将他从幼儿园接走，去上学习班。金金说"我不去，我要和小朋友在幼儿园玩"，爸爸一言不发，硬拉着金金离开。父母的这些做法都表明，他们只关注金金在学业和技能方面的培养，而忽视了对金金自主性的培养。幼儿只有自己学会选择判断，在选择判断中发展自己的自主性，才能具有自主发展的动力。由于金金的年龄处于第一反抗期，他尝试摆脱父母的控制，但经过多次尝试失败后，自主性、主动性就会下降，表现为对幼儿园的课程不太理解，总是坐着发呆，回答问题不主动。

3. 父母将孩子作为实现自己梦想的工具。

望子成龙、望女成凤是家长的普遍期望，这无可厚非，但必须尊重孩子的身心发展规律、尊重孩子自主的选择，在此基础上促进孩子的成长和发展，才有可能真正实现自己的期望。如果仅仅将孩子作为实现自己梦想的工具，不考虑孩子身心发展的规律，则可能事与愿违。

由于金金的父母均有较高的社会身份和地位，再加上高龄得子，他们对孩子的成长有自己的规划，要把金金培养成"精英"。这是金金父母的一个美好的期望和梦想。

从金金爸爸发给老师的微信内容来看，他为金金的表现而感到自豪，他是通过金金的出色表现来增加自己的自尊感，正是在这种心理的驱使下，他乐此不疲地让金金参加各种课外班。虽然对金金的期望和梦想是美好的，但对金金培养的做法并没有尊重金金本人的想法，也没有考虑孩子身心发展的特点和规律，因而会造成事与愿违的结果。

专家建议

《3—6岁儿童学习与发展指南》指出，幼儿社会领域的学习与发展过程是其社会性不断完善并奠定健全人格基础的过程。人际交往和社会适应是幼儿社会学习的主要内容，也是其社会性发展的基本途径。幼儿在与成人和同伴交往的过程中，不仅学习如何与人友好相处，也在学习如何看待自己、对待他人，不断发展适应社会生活的能力。良好的社会性发展对幼儿身心健康和其他各方面的发展都具有重要影响。幼儿的社会性主要是在日常生活和游戏中通过观察和模仿潜移默化地发展起来的。

鼓励幼儿自主决定，独立做事，增强其自尊心和自信心。如：

- 与幼儿有关的事情要征求他的意见，即使他的意见与成人不同，也要认真倾听，接受他的合理要求。
- 在保证安全的情况下，支持幼儿按自己的想法做事；或提供必要的条件，帮助他实现自己的想法。
- 幼儿自己的事情尽量放手让他自己做，即使做得不够好，也应鼓励并给予一定的指导，让他在做事中树立自尊和自信。
- 鼓励幼儿尝试有一定难度的任务，并注意调整难度，让他感受经过努力获得的成就感。

具体对策：

1. 尊重幼儿身心发展的特点和规律。

给儿童制定学习任务、安排学习内容时，要了解幼儿注意力、记忆力、情绪以及社会性发展的特点和规律。尊重这些规律，依据这些规律培养孩子才能达到事半功倍的效果。比如金金对幼儿园的课程不太理解，总是坐着发呆，这里有金金的注意力无法有效集中的问题，如何培养金金的注意力，可以从以下几方面着手。第一，孩子从未见过、听过的事物，都能以独特的魅力吸引孩子的注意。因此，应把孩子带进大自然观看奇花异草和造型奇特的建筑，培养孩子的观察能力、专注力。要帮助孩子确定观察的目的和任务，因为儿童喜欢东张西望，目的性不强，抓不住要领，因而得不到收获。因此，家长应有意向孩子提出一些要求和目的，告知方法，引导孩子抓住本质，从浅入深，专心致志。第二，孩子对某事物的兴趣越浓，越容易形成稳定和集中的注意力。家长不要整天把孩子关在房间里学习，要鼓励他们从事各种活动，让他们在活动中发掘和发展自己的能力及兴趣，并由此培养注意力。第三，学习是脑力劳动，若望子成龙心切，整天强迫孩子长时间从事单调的学习活动，必然造成孩子大脑疲劳而精神分散。同样，在记忆力、情绪、社会性等方面，也要尊重孩子身心发展的规律，采取有效的方法，才能更好地促进幼儿的发展。

2. 给孩子选择的机会，培养孩子的自主性。

金金是正处在"反抗期"的幼儿，与大人对着干是很正常的。父母应该满足孩子的合理要求，给他一些自主选择的权利，让孩子的自尊心、自信心和独立性得到保护和发展。对孩子不合理的要求，也要避免直接冲突，应用巧妙的方式去引导，鼓励孩子发展有益的兴趣和探索精神，帮助他平稳顺利地度过"反抗期"。

3. 调整父母对孩子的期望，积极采取科学有效的教育方法。

金金的父母需要调整自己对孩子的期望。希望将金金培养成精英，这一方面需要良好的教育，另一方面需要金金自身的智商、情商、意志品质等多方面内在的素质，还有金金自己的内在动力。只有这些条件都变成积极的因素，才有成为精英的可能。因此父母需要首先评估这些因素，对自己期望的合理性作出正确的评估。

另外，也要采取科学有效的教育方法，教育只是外部条件，只有通过金金自身内在的改变才能真正起作用。因此，关注金金的兴趣爱好，培养他的自主性和主动性，才能让金金具有自身发展的内在动力。另外，在关注金金学业和技能培养的同时，也要关注金金社会性的发展，每个人只有适应社会，才能为社会作出自己的贡献。

做法举例

金金爸爸问金金说："宝宝，你学的这些课程哪个你最感兴趣，哪个你最不爱学，能和爸爸说说吗？"通过这样的询问了解孩子的兴趣，并根据孩子的兴趣调整课程的安排。

当金金爸爸中午来幼儿园接金金时，金金说："我不去，我要和小朋友在幼儿园玩。"这时爸爸说："宝宝，如果你想在幼儿园和小朋友一起玩，爸爸支持你，希望你和小朋友玩得开心。"通过鼓励金金与小朋友一起游戏，促进其社会性发展。

资源链接

《妈妈我能行》/ 刘天一

不自信的妞妞，总是觉得自己这也做不好，那也做不好。她最爱讲的一句话就是："妈妈，我不行！"让妞妞变得自信的，究竟是一块奶油蛋糕，还是她必胜的信念呢？快去书中找答案吧。

《我要靠自己走：小考拉金伯莉》/ 费利西娅·劳（文），莱斯莉·丹森（图）

  金伯莉是一只小考拉，无论什么时候，她都要妈妈背着或抱着，从不愿意离开妈妈。一天，森林里着火了，小动物们都急匆匆地逃跑，但金伯莉却一动也不动……最后，她会怎么样呢？

《小熊维尼》/ 米尔恩

  这是儿童自主意识敏感期引导的绘本，培养孩子独立性和完美性格的绝佳故事书。

（王中会撰写）

【案例 9】"爱钱"的孩子

案例介绍

小风是一个 5 岁半的男孩。妈妈是位博士,目前在某数码科技公司做技术副主任。爸爸,本科学历,在某体育文化公司任职。

小风常喜欢跟老师聊天,几乎每天都主动和老师聊自己在家的事情,主要是他和妈妈之间的故事。例如,"老师,你知道吗,今天妈妈给了我十元钱,我去买了两个苹果,人家找给我两元,我的存钱罐里多了两元噢"。

在幼儿园里,只要小朋友讨论买什么东西,小风都会很不情愿地说:"我不买,买了之后我存钱罐里的钱就少了。"

情景一:一天早晨,起床后,小风洗漱完毕,妈妈对小风说:"你的被子还没叠呢。"小风想了想:"老规矩,叠被子 5 毛钱。"妈妈说:"可以呀,只要你叠得又快又好,我给你 1 块钱。"说完,妈妈就去厨房准备早餐了。过了一会儿,妈妈探出头喊道:"小风,来帮妈妈系一下围裙!"小风很快跑到妈妈的身后,刚要伸手系围裙又停了下来:"妈妈,系一下围裙多少钱?"妈妈愕然……

情景二：端午节要到了。小风高兴地对妈妈说："小朋友说端午节和爸爸妈妈一起去游乐园玩，我也想去。"妈妈说："去游乐园玩，要花你自己的零花钱。"小风说："我只有50块钱，我不想花我的零花钱。"妈妈说："想出去玩就只有花自己的零花钱，自己花自己挣的钱。"

情景三：一天，下午餐点时间到了，小朋友们吃着甜甜的哈密瓜，聊起天来，呱呱说："真好吃，我想让妈妈再给我买。"牛牛说："嗯，我妈妈也给我买。"没想到，小风脸色一沉说："我不喜欢吃哈密瓜了，我不想花我的钱，我不想让钱变少。"

案例分析

金钱是我们生活中必不可少的，没有金钱观念的孩子只知道一味从父母手里要钱，不会懂得珍惜父母的劳动成果。在《二十岁，该与钱成为好朋友的年龄》一书中，前韩国国民银行总裁金正泰指出：理财教育不是单纯对"金钱"的教育，理财教育的真正目的是教会孩子如何正确"选择"，并且培养孩子"为自己的决定负责"。对孩子进行理财教育，不仅可以使孩子懂得金钱来之不易，更加懂得感恩和珍惜父母的劳动成果，懂得合理花钱，还可以使孩子从小了解金钱和使财富增长的知识，有利于孩子正确规划自己的人生，因此适度培养孩子的理财意识对孩子的成长是有益处的。

对孩子进行理财教育，要秉持"君子爱财，取之有道"的原则。所谓道，即法律、道德、良知。遵守法律，不损害他人利益，通过自己付出的劳动、智慧和勇气而获得金钱都是正道。

本案例中小风的妈妈重视对孩子进行理财教育，平时小风进行自我服务和一些家务劳动后给小风一定数额的金钱作为奖励，让孩子从小知道金钱不是可以随随便便得到的，是靠付出自己的辛勤劳动换来的。但是，小风的妈妈在对其进行理财教育时，没有把握好适度的原则，实施了过度的"理财教育"，这是导致小风形成金钱至上的意识的主要原因。

下面对小风妈妈的做法进行具体分析：

1. 混淆了金钱和义务的性质。

有一位孩子的母亲在运用奖励手段时，采用的方式是与孩子签订奖励合同："叠一次被子奖 0.5 元，擦一次餐桌奖 1 元，扫一次地奖 2 元……"试行了 3 个月，父母发现孩子变化很大，讨价还价，斤斤计较，哪怕是自我服务的劳动都要讲价钱，对合同上没有讲明的事情，他要先讲好价钱才去做，对此，父母后悔莫及。

奖励是对孩子行为进行外部强化的手段，它通过孩子的自身评价能对孩子的心理产生重大影响。然而，一味地实施金钱奖励，必然会促使孩子形成金钱至上的意识。家务劳动本来是家庭成员应尽的义务，小风的妈妈采用金钱奖励的方式对孩子自我服务和做家务劳动进行奖励，这样会使孩子混淆什么是自己应尽的义务，什么是应得的劳动报酬。因此，父母一定要慎重采用金钱奖励或惩罚孩子的做法，对孩子的金钱意识父母一定要进行适度的引导，教育孩子通过付出自己的劳动获得一定的报酬；同时，要告诉孩子，世界上有些事物是可以用金钱衡量的，但也有许多事物是不能用金钱来衡量的，金钱并不能购买到一切，例如精神、责任、义务、爱、友情、健康和快乐等，而这些恰恰是比金钱更重要的。爸爸妈妈对孩子的付出也不能单用钱来计算，有的时候，我们会为了一些更珍贵的东西放弃金钱，比如爸爸要到外地工作，可能会挣更多的钱，可是因为爸爸爱我们这个家而放弃了升迁的机会，我们全家在一起的快乐时光就比金钱更重要。此外，让孩子明白自己所付出的劳动对家人的意义，以使孩子不需要父母提醒、表扬或责备，能自觉完成自我服务和力所能及的家务劳动。

2. 将挣钱视作孩子的基本活动和应尽的责任。

人生的不同阶段有各自的基本活动，成人的基本活动是工作，大中小学生的基本活动是学习，学龄前儿童的基本活动是游戏，而挣钱不是学龄前儿童的基本活动。小风的妈妈对小风说"想出去玩就只有花自己的零花钱，自己花自己挣的钱",反映出小风妈妈灌输给小风的理财观念在此是不恰当的。首先,挣钱并不是小风这个年龄儿童的基本活动和应尽的责任,这个阶段如果进行理财教育应以培养孩子的理财意识为重,并非真正意义上的"挣钱"。其次,对于零花钱的用途应该由孩子自己支配,即使妈妈希望培养孩子的挣钱意识,也应该采取引导的方式,而非替孩子作决定,小风妈妈的做法,不仅剥夺了孩子支配自己零花钱的自由,也可能使孩子产生不择手段挣钱的想法,这样对孩子的理财观无疑是一种误导。

3. 过度的理财教育造成孩子金钱至上的不健康心态。

有的孩子通过自己的劳动得到了父母奖励的金钱,积累了零花钱之后最常出现的问题就是孩子突然变得"唯利是图",掉到钱眼儿里了。金钱应该只是生活的手段,是用来消费的,但是小风却认为金钱是生活的目的,钱越多越好,他不想自己的钱变少,即使是自己感兴趣的事情,只要花自己的钱就会不情愿。这样使自己成为金钱的奴隶,为金钱所累,拥有这样的心态,即使积累再多金钱也不会感到快乐。因此,父母在对孩子进行理财教育时要注意培养孩子对金钱的健康心态,要让孩子明白金钱的积累是一个方面,而金钱的使用更是一门学问,如果每个人都只知道积累金钱而不消费,就无法享受生活的美好,不分享财富,财富在社会中就不能良性流动,就不能让大家各尽所能地解决一些社会问题。

专家建议

对于钱,孩子们有着自己的理解,知道钱可以买玩具、买食品、买衣服,但对于爸爸妈妈挣钱的辛苦不甚了解,更没有正确理财的观念。一些发达国家和地区十分重视理财教育,教育孩子从小学会赚钱、花钱。美国人认为,一个人的理财能力与其一生的事业成功和家庭幸福有直接关系,重视从小就对孩子进行理财教育,把理财教育称为"从3岁开始实现的幸福人生计划"，建议从孩子三四岁就开始让他自己管理一点零花钱。英国要求5～7岁的儿童要懂得钱的不同来源，并懂得钱可以用于多种目的。日本很多家庭每个月给孩子一定数量的零花钱，并教育孩子节约使用零花钱。中国多数父母也基本认同"从小对儿童进行理财教育"的观点。那么，父母如何正确地进行理财教育呢？

具体对策：

1. 谨慎对孩子进行"挣钱"教育。

现在有些年轻的父母在对孩子的教育上学习西方的教育观念，模仿西方国家的做法，认为理想的理财教育是让孩子通过家务劳动来换取报酬。小风的妈妈就是如此，小风每做一次家庭劳动，就可以得到一定数量的钱作为报酬，通过劳动换取报酬的做法本无可厚非，体验通过劳动得到报酬的过程确实可以让孩子产生积极的情感体验，产生成就感，激发孩子继续做事的兴趣和欲望，这比只从父母手里要钱更有积极意义和教育价值。但是，父母要意识到，不是孩子做的所有家庭劳动都要得到报酬，如果是力所能及的事情，例如收拾自己的卧具、玩具和图书，洗自己的小裤衩，摆放碗碟，擦桌子等，五六岁的孩子完全可以做，也应该做一些自我服务和为家人服务的劳动，这里涉及孩子的自我服务意识、家庭责任感以及爱的培养问题。如果父母认为孩子劳动很自觉，做得很好，可以通过满足孩子合理需求的方式（如看动画片、玩电脑游戏、带孩子外出游玩等）作为奖励。如果妈妈下班回家，孩子主动给妈妈端茶、给妈妈捶背，及时的口头鼓励和赞扬就是对孩子最好的奖励。

2. 教会孩子正确使用金钱。

美国儿童教育专家说：零用钱的制度是让小孩子得到那种经过艰苦奋斗而来的满足感，并学会享受和珍惜它。父母不仅要重视培养孩子对待金钱的健康心态，在孩子得到劳动报酬后，父母也要关注孩子是如何花钱的，对孩子花钱及时给予正确引导。当孩子因为要做一些有意义的事情而额外付出了劳动，如孩子想用变卖自己阅读过的图书、旧玩具换得的钱捐助给需要的儿童,或捐助濒危动物、领养一棵小树,或用这些钱给爷爷奶奶、姥爷姥姥买生日礼物,或报名学一样新本领,父母对此要给予肯定和支持。

父母还应让孩子懂得节俭也是一种优秀的品德,不能因为我们现在日子比过去富裕了就可以浪费,孩子要什么,就花钱买什么。孩子很少能分辨出想要的东西和实际需要的东西之间的区别,同时对购买商品所需要的经济能力毫无概念。因此,父母要帮助孩子区分想要的东西和必要的东西,如果孩子想要的是无益于身体健康的零食或者比较昂贵的物品,父母可以询问孩子为什么需要这些物品,是否真的需要它们,这些物品如果可以用家里其他物品替代,它们对孩子来说就不是必要的,那么父母一定要坚决说"不",即使家里经济条件允许也不能迁就孩子。同时父母要把道理向孩子解释清楚,并不是所有的愿望都是必须实现的,不是他们想要什么就会得到什么,让孩子学会对自己的愿望进行调整和等待。父母可以对孩子经常性地进行"延迟满足"训练,包括推迟满足时间,降低满足的层次、数量,增加有积极意义的满足条件等,这样孩子得到他所希望的东西后就会加倍珍惜,也可以使孩子从小养成勤俭节约的好品德。

3. 帮助孩子学会积累、储蓄和计划支配。

孩子对银行的概念并不陌生,一般都知道身边有哪些银行,但对银行到底是干什么的却并不完全了解。为了让孩子更多更深入地了解银行,更为了鼓励孩子养成有钱不乱花、从小会储蓄的好习惯,父母可以利用去银行办事的机会带孩子参观银行,让孩子观察银行的工作人员在干什么,来银行的人们在做什么,知道银行是进行储蓄和贷款等的机构。父母利用这些时机给孩子简单讲解:爸爸妈妈为什么要存钱,钱既可以越花越少,也可以越存越多。父母也可以在银行为孩子开一个存折,孩子可以将自己的零花钱和压岁钱存到自己的存折中。这样的方式对于学龄前儿童来说既可以满足他们的好奇心,同时也起到投资启蒙的作用。此外,由于孩子年龄小、自制力较弱,又缺乏消费经验,刚开始消费时会比较任意和盲目,因此,父母要帮助孩子对零花钱作合理的支配计划,在孩子消费过程中和结束后及时帮助他进行总结，看买的物品是否是必需的，买的数量是否合适，是否是物美价廉的，及时鼓励和肯定孩子好的想法和做法。

做法举例

一天早晨，起床后，小风洗漱完毕，妈妈对小风说："你的被子还没叠呢。"小风想了想："老规矩，叠被子5毛钱。"妈妈反问小风："你自己穿衣服也要妈妈给钱吗？自己系鞋带也要妈妈给钱？"小风："呃，好像不应该。"妈妈："这些都是你自己应该做的事情。"小风："我做什么事情才可以给我钱呢？"妈妈告诉小风："比如说帮妈妈擦桌子、扫地、择菜、洗碗，这些为全家服务的事情可以给你一些钱，给你这些钱是爸爸妈妈对你愿意为全家服务、做事情做得好的奖励。"妈妈顿了一下："但是，不是所有为全家做的事情和为别人做的事情都应该给你钱，如果那样的话，妈妈为你洗衣服、做饭、照顾你，从小到现在你该给妈妈多少钱呀？妈妈为你、为全家做这些事情都是因为妈妈爱你、爱我们家，我们是亲人，我们之间的亲情是不能用钱来计算的。你为家里做家务劳动，说明你长大了、懂事了，爸爸妈妈为你感到高兴和自豪。"听了妈妈的话，小风点点头，愉快地叠起了被子。

夏天的一个周末，跳蚤市场好热闹。小风和爸爸妈妈一起在跳蚤市场卖玩过的玩具。小风卖力地吆喝，大半天下来，小猪存钱罐里的钱越来越多，小风愉快地数着钱，15、25、35、36……小风兴奋地把小猪存钱罐抱在手里。这时，小风看见身旁的小朋友在吃冰激凌，说："妈妈，我也要吃冰激凌！"妈妈答道："好呀，用你今天卖玩具的钱买吧。"小风脸色一沉："我不想吃冰激凌了，我不想花我的钱，我不想让钱变少。"在一旁看书的爸爸抬起头，爱抚地摸着小风的头说："钱是用来做什么的呀？""是用来买吃的、买玩的东西。"小风迅速回答。爸爸："对呀，钱是用来买吃的、买玩的东西，是用来买我们需要的东西的。"妈妈反问小风："冰激凌不是你想要的东西吗？"小凤似乎明白了，但是仍然有些不舍地从小猪存钱罐里拿出6元钱，跑到斜对面买冰激凌，然后香甜地吃了起来。

资源链接

《小狗钱钱》/ 博多·舍费尔

　　本书讲述的是小狗钱钱和小姑娘吉娅的故事。小狗钱钱是一只会说话的小狗，是一个真正的理财天才，它告诉了吉娅许多关于理财的忠告。建议亲子共读。

《乌鸦面包店》/ 加古里子

　　本书讲述了小乌鸦们开面包店的故事，在有趣的故事中自然地融入了买卖、盈利、品种多样化等各种商业元素，引导孩子们了解日常生活中的经济学知识，正确地认识财富、创造财富。

《黄豆豆的服装店》/ 金顺伊、孙英玉（文），洪珠美（图）

　　本书主要通过小红帽、白雪公主、三剑客发生的一系列理财故事，通俗易懂、生动有趣地给父母和孩子介绍银行、信用卡、消费等等这些与生活息息相关的经济学概念。

（邹敏撰写）

大 班

【案例 1】怕输的孩子

案例介绍

小东是 5 岁 3 个月的小男孩。小东妈妈是某外企财务职员,爸爸是某外企高级财务主管。爸爸的时间相对自由,妈妈的工作非常繁忙,平日主要由爸爸照顾家庭和小东。小东每天晚上无论多晚都一直等着妈妈回家,因此,晚上总是睡得很晚,早上又要早早上学,每天午睡都睡得特好。爸爸某次跟幼儿园老师说起家里的事情,感觉孩子太小妈妈就工作了,一天中妈妈抱孩子不到半小时,自己就特心疼孩子。因此,他总是劝诫自己,孩子可怜,自己应该更有耐心地去陪伴孩子。爸爸信奉鼓励教育,习惯采用"你真棒""你真乖"来鼓励和表扬小东。爸爸是大家眼里的"好爸爸",而妈妈却几乎没来接过小东。

幼儿园老师反映:"小东是小班下学期转园到这所幼儿园的,是班上年龄较小的小朋友。在他大班的时候我成为了他的老师。虽然认识时间不长,但是他总是给我搬椅子,递东西,倒水……常常让我很感动。有时固执起来却也让人无法理解。比如,他见了自己喜欢的或喜欢他的老师、阿姨都叫

'妈妈',主动抱着她们,看着非常'热情'。我和他沟通过,'能被你叫妈妈我感觉很幸福,但是在幼儿园里,尤其是上课时不能这样叫',但是反复说了几次收效甚微。"

情景一:在户外的一次接力跑比赛中,男生组的一个小朋友跑步时鞋掉了,耽误了时间,拖了组里的后腿。小东就开始抱怨:"都怪×××,都是因为你我们才输的,真讨厌……"甚至越说越激动,最后忍不住哭起来。

情景二:某日班里玩剪纸游戏,小东开始还兴致勃勃的,没过一会儿就在一边坐着生闷气了。老师走过去本想安慰他,他却说:"反正我也剪不好,咱不玩了还不行吗?"……一到剪纸活动时,他越来越不想动,在一旁坐着的时间越来越长……

情景三:小东爸爸听说幼儿园进行了体质测验,问小东:"你们班谁跑得最快啊?你跑第几啊?"小东低着头不吱声。小东爸爸边看成绩边说:"人家怎么跑这么快?×××跑第一呢!你是不是练习时偷懒了?第一多光荣啊,那叫冠军。你要是下次能给爸得个冠军,爸带你吃大蛋糕去……"

案例分析

小东表现出看重输赢、渴望得到周围人的关注和表扬,问题的本质在于他缺乏安全感、不自信。

可能的原因有如下两点:

1. 早期与母亲分离导致安全感低。

英国心理学家约翰·鲍尔比认为,在婴幼儿早期提供与母亲彼此接触的机会(哺乳、目光接触、身体接触、拥抱等),将有助于儿童建立依恋关系,形成情感上的纽带①。这种情感纽带将给儿童带来安全感和幸福感，促进儿童积极情绪的发展及探索外界事物的兴趣。因为具有安全依恋关系的儿童在独自探索时，会自信地感受到如果他们需要朝回跑，父母仍然会在那里保护和等待他们。皮亚塔和鲍尔（Pianta & Ball，1993）的研究也证实，有良好依恋关系的儿童在幼儿园表现得更加独立自主、更加好奇，是更好的问题解决者。②本案例中的小东，因妈妈生产后很快上班，平时工作忙，每天与小东在一起的时间不到半小时，这种聚少离多的状况导致小东与母亲间的依恋关系不良、自身安全感低，内心渴望母爱和被关注。因此，小东表现为在班级里喊老师"妈妈"，每天晚上都等待妈妈回家，"热情地"为老师端茶送水，希望做好每件事以博取父母和老师的喜欢。

2. 父亲高期望、注重结果评价，降低孩子的自信心。

2013年发表在《纽约杂志》上的文章"How Not to Talk to Your Kids-The Inverse Power of Praise"指出，注重结果评价，成人高期望，表扬和鼓励孩子不具体（如使用"你真棒""你真聪明"）容易使儿童变得更倾向于规避风险和缺乏独立精神。一旦面对自己不擅长的"工作"时，往往选择放弃、退缩。相反，如果关注过程评价，表扬孩子做事过程的认真和努力，则会使儿童面临困难时不放弃。纽约大学的精神病学教授朱迪斯·布鲁克（Judith Brook）解释说："问题的关键是表扬的可信性。表扬很重要，但不能空洞，必须基于一些真实的事情——一些孩子们的技能和天赋。"案例中，父亲信奉鼓励教育，总是夸小东"你真棒"，对孩子的要求也较高（希望夺取冠军），但小东在班级中年龄较小，能力并不是很强，这种高期待与能力不足的矛盾降低了小东的自信心，使其面对困难（如剪纸）时挫折感和失败感十分强烈，不能接受自己不够好，遇到困难选择放弃。

---

① [加]Guy R. Lefrancois：《孩子们：儿童心理发展》，王全志等译，北京大学出版社2004年版。
② 同上。

专家建议

"安全感""自信"是幼儿社会性发展的基本需要和重要内容。《3—6岁儿童学习与发展指南》明确指出,成人应当"为幼儿创设温暖、关爱、平等的家庭和集体生活氛围,建立良好的亲子关系、师生关系和同伴关系,让幼儿在积极健康的人际关系中获得安全感和信任感,发展自信和自尊"。

具体对策:

1. 增加母子间的亲子活动,提高孩子的安全感。

母亲一定要拿出时间陪伴孩子,经常与孩子做一些亲子游戏活动。如与孩子保持身体接触,吻一下孩子的额头、抱抱孩子、拍拍孩子的肩膀等;和孩子一起阅读绘本、讲故事或看动画片,可选择有关不怕困难、勇敢等方面的内容,给孩子灌输做事情要不怕困难、要坚持的思想;周末妈妈可陪伴孩子玩"探险"郊游或孩子喜欢的活动等等。

2. 调整父亲的期望,采用适当的评价方法。

父亲平时要多和幼儿园老师沟通,了解小东的真实发展状况,如哪些方面能力强,哪些方面能力弱一些,调整自己对孩子的高期望,能宽容地接受孩子的不足。其实,在幼儿园中因年龄差异带来的能力差异是比较明显的,年龄越小这种差异越明显。剪纸是一项手部精细活动,它对手部骨骼和小肌肉发育有较高要求,儿童手部精细活动能力达到一定水平通常是在5～6岁,但存在年龄差异。小东比班级小朋友年龄小,做不好也属正常。

父母平时在表扬和鼓励孩子时要注意方法。一是表扬要具体,如当小东在家帮大人拿碗筷、扔垃圾时,要及时给予表扬,如"小东帮爸爸妈妈拿碗筷,真是爱劳动的好孩子"。这样的表扬让孩子清楚为什么被表扬,今后这样的爱劳动行为就会增多。二是注重过程评价,最好是表扬孩子在做事过程中的专注、努力、不怕困难、坚持等学习品质,而不是表扬结果,从而让孩子知道爸爸妈妈更看重的是什么。三是当孩子遇到困难和挫折时,家长要提供一些帮助、指导或陪伴，鼓励孩子想办法解决困难。当最后战胜困难时，一定要大力表扬，帮助孩子克服怕困难的心理。四是经常与孩子讨论，让孩子看到自己的成长与进步。可以找一些谈话主题，让孩子畅所欲言，如"我觉得自己哪些地方进步了""我看到谁的哪些进步""我最欣赏的人"等，引导幼儿关注自己和同伴的优点，用欣赏的眼光看待每一个人，提高自我评价和自信。

3. 重视对孩子能力的培养，使其感受成功，树立自信。

孩子的自信建立在能胜任"任务和工作"的基础之上。当儿童对自己持积极看法（有能力、受欢迎）时，自信就会增强，同时还会自觉地使自己的行为表现与认识一致起来。因此，首先家长要有意识地让孩子玩一些锻炼手部小肌肉的游戏活动，如玩插片、画画、拍皮球、撕纸等，促进孩子手部肌肉和精细动作的发展。其次，创造表现机会，让幼儿获得成就感。选择小东喜欢且擅长的游戏或难度不大的活动，让孩子在玩的过程中获得成功体验，从而提高对自己的评价，愿意去挑战有难度的活动。再次，针对小东机体发展的弱项，有意识地通过一些活动促进孩子能力的发展，使孩子能切身感受到"我有能力"。

做法举例

周末妈妈与小东商量："今天是妈妈和小东的专属时间，妈妈听你的，由你来安排活动。我们今天干什么呢？"小东选择和妈妈一起去动物园海洋馆。妈妈和小东坐在一起高兴地看海豚表演。回家后，小东画了一张大海豚和小海豚表演的画送给妈妈。妈妈可高兴了，表扬小东画的小海豚飞起来的样子好可爱，并告诉小东"明天我要把这幅画带到办公室贴在墙上，这样妈妈工作时也能看到东东的画，想着东东"。

爸爸和小东在楼下玩新买的滑轮。刚开始，小东掌握不好平衡，滑不远,不想玩了。爸爸鼓励小东:刚开始不熟悉都滑不好,爸爸也滑不远。我们俩比赛谁不怕摔,能坚持到底学会玩滑轮。小东和爸爸比赛着谁认真学习。爸爸表扬小东:小东真勇敢,比爸爸学得快。

在幼儿园剪纸活动中,教师看到小东用手撕的小雪花作品时说:"今天你的作品很有创意,用手撕出了雪花。如果下次能用剪刀剪,相信雪花看上去会更好看,你说呢?"这样肯定优点、提出建议容易让小东接受,并愿意进行尝试。

资源链接

《我喜欢自己》/ 南希·卡尔森

这是一本关于自我肯定的绘本,主角是一只快乐自信的猪小妹,她有卷卷的尾巴、圆圆的肚子、细细的小脚。猪小妹最好的朋友就是她自己,她懂得照顾自己、爱自己,即使没有朋友在身边,她也可以找乐子,让自己愉快起来。如果犯了错或是遇到挫折,她会给自己再一次的机会尝试。

我们常常听到孩子说"我喜欢妈妈""我喜欢爸爸""我喜欢老师",却很少听到他们说"我喜欢自己"。这本书正是从后者的角度来描写了一只喜欢自己、肯定自己的猪小妹。这本书对孩子建立积极的自我概念是非常有帮助的。

《胆小鬼威利》/ 安东尼·布朗

威利是一只善良的小猩猩,什么东西都不忍心伤害。一次,他出去散步,被一群小混混边打边叫"胆小鬼威利",威利讨厌这个外号。晚上,威利在报纸广告上发现了一本能使自己变得强壮的书,他再也不想被叫作胆小鬼,于是威利买来了这本书……

这本书依旧延续了安东尼一贯的独有风格：叙事干净利落，绘图精致入微，构图简洁独特。温柔善良的威利告诉我们，从胆小鬼到威武英雄，不仅需要身体上的强壮，更要靠内心的坚定和自信。

《达芬奇想飞》/ 汉斯·比尔

小企鹅达芬奇与众不同。其他企鹅的嘴巴是红色的，达芬奇的嘴巴却是黄色的。游泳是企鹅的强项，大家都擅长游泳，可达芬奇偏偏不喜欢游泳。而且，更要命的是，所有企鹅都喜欢水，达芬奇却非常害怕水。不过，达芬奇最与众不同的地方在于他的伟大梦想——渴望飞上天空。

（王鹏、王中会撰写）

【案例2】不受欢迎的孩子

案例介绍

燕燕，女，5岁6个月。燕燕的妈妈是研究生学历，北京人，某软件公司职员。爸爸是本科学历，湖南人，外企员工。妈妈比爸爸大3岁，家里的生活主要由妈妈和姥姥来负责，爸爸"爱玩儿""管得少"。妈妈被繁忙的工作与琐碎的生活压得很少有自己的时间，全身心都扑在孩子身上，爸爸平时经常出差落得清闲。

情景一：在区域游戏中，燕燕和几个女生在玩真假公主的游戏，朵朵请她当假公主，她就很生气说："那我就不玩了。"朵朵又说："那你想怎样？"燕燕说："我来当白雪公主，你来当假公主，她当坏王后，芊芊当小矮人，维维来当王子，这样我就玩儿。"听到燕燕这样说，其他小朋友转身就走了，有个小朋友还回了一句："哼，我还不想跟你玩呢！"

情景二：某日入园时间，燕燕不知什么原因不太高兴。妈妈说："你看人家小朋友，我都要迟到了，赶紧进去。"燕燕只能低头走进教室。妈妈跟老师说："她说小朋友不喜欢和她玩，你跟她说说，引导一下啊，我走了。"

情景三：老师和燕燕的爸爸妈妈针对燕燕在园的一些情况进行沟通，沟通过程中妈妈一直是谈话的主导，燕燕爸爸也想表达一些看法，妈妈对爸爸说："你说的这些都不重要，我是这样觉得的……"

案例分析

该问题的本质在于燕燕在同伴关系发展中缺乏必需的交往技能。同伴关系是指年龄相同或相近的儿童之间的一种共同并相互协作的关系，在儿童心理发展中扮演着重要的角色。幼儿在与同伴交往中的社会行为是影响同伴接纳程度的重要原因，幼儿自身交往的主动性和交往技能是影响其同伴接纳性的主要因素。合作是幼儿亲社会行为的一部分，指的是幼儿与同伴协同完成某一活动，这种合作是幼儿建立良好的同伴关系的重要基础。

情景一反映了燕燕在发展同伴关系的过程中，社会交往技能存在着欠缺与不足。有研究者针对儿童不同行为特点对同伴交往的影响，发现不受欢迎的儿童在行为上表现得很专断，例如通过抓住别人或抢同伴的玩具来发动交往，当其他儿童发出社交信号时，这类儿童对于这些信号不予理睬或以不恰当的方式作出反应。[1]

交往技能是指在与人交往和参与社会活动时表现的行为技能，如分享、合作、谦让、协商、沟通等。幼儿之所以在交往中表现出不恰当的社会行为，往往是因为缺乏相应的技能。案例中燕燕在进行同伴合作性游戏中，正是由于缺乏社交技能，不会与同伴合作，喜欢以强势主导性的行为方式来参与游戏，如果其他同伴不同意她的安排，便以"那我就不玩"这样的方式结束合作，造成了同伴关系不良。

可能的原因有如下几点：

---

[1] 周宗奎：《儿童社会化》，湖北少年儿童出版社1995年版，第463页。

1. 认知发展中的"自我中心"性影响了交往技能的发展。

儿童是在同伴交往中逐渐发展其社会性的。4～6岁儿童已经出现了同伴的意识和趋向,可以说他们与同伴的实质性交往是从幼儿园时期开始的。大班幼儿与同伴交往的内容比较丰富,他们能够从同伴交往中得到极大满足,与他人交往被拒绝或者失败都会影响幼儿的情绪和社会交往能力的发展。

这一时期幼儿主要通过同伴互动或游戏的形式来进行交往,在游戏活动中,儿童实际上是通过社会角色的扮演来学习人际之间的交往,游戏角色的分配和游戏材料的使用,常需要儿童学会协调与合作,但由于他们认知发展的年龄特征还具有"自我中心"性,这时的儿童通常站在自己的角度去认识和适应外部世界,在同伴交往过程中存在难以就某一问题达成共识的现象,甚至不愿意互相妥协或不合作,严重的话会出现攻击或争吵的行为。

2. 母亲在家过于强势。

儿童家庭的风格与类型、早期亲子之间交往的经验会影响到儿童自身的安全感、对同伴的信任感、表达情感的方式等,这些都会影响到儿童与同伴的交往。父母在传授和示范给儿童各种有效的社会交往技能上有重要的作用,父母自身的不同风格对儿童社会化也存在重要影响。幼儿在与成人交往的过程中,习得成人对待人或事的方式,在与同伴交往的过程中,他们会以同样的方式去对待同伴。在班杜拉的社会学习理论中,这种习得也是一种观察学习,即孩子通过观察成人的行为表现或行为结果而获得的学习。

案例中,由于燕燕的家庭关系中母亲处于强势地位,父亲参与家庭事务的时间和投入较少,燕燕母亲对于家庭事务的控制性较强,在父亲甚至燕燕老师的面前均表现出强势。燕燕与母亲在一起的时间较多,因此母亲的言语和行为对孩子有影响和示范作用,孩子对母亲这种言语和行为的观察学习,是造成燕燕在同伴交往过程中同样处于强势的原因之一。

3. 孩子出现问题时母亲缺乏引导技能。

母亲有时会因为工作忙碌而忽视了孩子不被同伴接纳的问题,对于燕燕所说的"小朋友不喜欢和她一起玩"这样的问题缺乏正面的教育与引导,只是嘱咐老师对孩子进行引导。

专家建议

到大班时，幼儿应当"愿意与同伴交往与合作"、学会"与同伴友好相处"，家长"应当为幼儿创设温暖、关爱、平等的家庭生活氛围，建立良好的亲子关系"，应"注重自己言行的榜样作用，避免简单生硬的说教"（《3—6岁儿童学习与发展指南》），使幼儿在积极健康的人际关系中获得安全感和信任感，发展合作与交往的技能。

具体对策：

1. 注重早期亲子交往的经验。

良好的亲子关系对幼儿与同伴的社会交往能力有积极的影响，父母的行为方式和处理问题的态度都会对幼儿产生影响。幼儿通过观察成人（父母或其他抚养者）的行为获得大量的知识和反应方式，从这个角度来说，成人的行为具有榜样的作用，因此家长在平时的日常生活中应注意自身的言行与行为方式。早期亲子交往中，应避免过于强势或弱势的行为方式，家长对人对事客观公正，行为方式避免极端，同时家长的社会交往策略也会影响到幼儿的社交技能。

2. 建立温馨的家庭气氛。

幼儿在社会化过程中，经历了一个交往中心由家庭向同辈群体转化的时期，家庭是幼儿社会化的重要场所。温馨的家庭气氛对鼓励幼儿亲社会的生活和学习理念也极为重要。父母要创设平等、友好、互助合作的家庭气氛，母亲改变对待父亲、孩子的专制态度，当遇到各种家庭事务时，家庭成员之间多协商、合作，这样会促进幼儿与他人建立良好关系。

3. 学会帮助幼儿学习与人合作、相处的引导技能。

（1）要使孩子学会正确识别交往中的问题出现的原因和特点，比如"为什么别人不和我玩""为什么我的要求总是得不到满足"。对于类似燕燕这样5岁左右的幼儿来说，教会他们根据交往的具体情境和问题的具体情况来选择合适的反应是完全可能和必要的。还要注意辅导幼儿使用礼貌用语和礼貌的行为方式，当孩子与同伴之间出现争执或矛盾时，成人不充当"裁决者"，而是引导幼儿寻找原因，商量协商的方法。

（2）在日常生活中使用移情训练、角色扮演等有效的方法来培养幼儿良好的交往技能，比如分享、合作、谦让、助人、抚慰等。比如经常让孩子站在同伴的角度思考问题，"红红的玩具被抢走了，如果你是她，你会有什么感觉？"或者让一个攻击性强的孩子扮演一个经常受欺负的孩子，他会更容易理解攻击他人会对他人造成伤害，从而自觉地抑制自己的攻击性行为。

（3）鼓励幼儿参与同伴交往。"幼儿的社会性主要是在日常生活和游戏中通过观察和模仿潜移默化地发展起来的"，家长不要限制孩子的同伴交往，避免过分的保护，应该放手让孩子去与同伴交往，可以多进行游戏或同伴互动，让孩子在这样的方式中学会遵守游戏的规则，学会在交往中合作与互相分享。

做法举例

教室内的表演区，燕燕和几个小朋友正在讨论角色分配，准备演《小熊请客》。倩倩和朵朵正在争，都想扮演狐狸，燕燕也想演狐狸。她想了想，走上前对倩倩和朵朵说："那我们演三遍吧，第一遍倩倩演狐狸，第二遍朵朵演狐狸，第三遍我来演狐狸。"倩倩和朵朵都同意了燕燕的建议，很快戴上头饰，开演了……

资源链接

"我在幼儿园——情商培养系列"（全8册）/ 木头人儿童创想中心

该系列绘本是培养孩子高情商、教育孩子学会保护自己的工具书，其宗旨在于帮助孩子改掉缺点、完善自我，教孩子学会保护自己，健康快乐地成长！八册书共八个主题：和朋友分享、交朋友、讲礼貌、勇敢地大声说、保护自己、不乱发脾气、倾听与服从、沟通与合作。

《莎莉，离水远一点》/ 约翰·伯宁罕

一篇简单的故事，描述一个平凡温暖的下午，日常的家庭活动，有如我们幸福的却常被忽略的时光，有创意的莎莉，改变了平淡的一天。

《癞蛤蟆与变色龙》/ 林秀穗（文），廖健宏（图）

癞蛤蟆和变色龙都认为自己是天底下最棒的猎人。一天，他们相遇了……两个势均力敌的猎人，会成为对手，还是朋友？危机重重的池塘，又会发生什么呢？

《花袜子小乌鸦成长故事书：全都是我的》/ 奈乐·莫斯特（文），安妮特·卢道夫（图）

花袜子小乌鸦本来挺可爱的，就是有个坏毛病，一看到别的小伙伴有什么好东西，马上就想占为己有——无论是小刺猬的泰迪熊、猪宝宝的溜冰鞋、猫头鹰的金项链、长耳兔的丝绒枕，还是狐狸的音乐闹钟……这本书教给孩子：朋友一起来分享，自己才会更快乐！

"我的感觉系列绘本"（全8册）/ 科尼莉亚·莫德·斯佩尔曼（文），凯西·帕金森（图）

  该系列绘本汇集了孩子们常见的八种情绪：害怕、难过、喜欢自己、嫉妒、生气、关心别人、想念、担心等，用彩图和易懂的故事展现出各种情绪的表现特征及相对应的处理方式，使孩子掌握调节自己情绪的可行办法。大人也可以从中反省自身，正确把握对待孩子的态度。

（王鹏撰写）

【案例3】不爱弹琴的孩子

案例介绍

豆豆，6岁，男孩，在幼儿园上大班。豆豆的性格开朗、好动，和班级小朋友相处得很好。妈妈是大学老师，爸爸是一名军人。

情景一：幼儿园里，老师在和孩子们讨论每个人的新年愿望，孩子们纷纷说自己的新年愿望。轮到豆豆，豆豆站起来表情平静略带难过地说："我希望我的钢琴坏了，以后我就不用再弹琴了，妈妈也不会再逼我了，不会再掐我了！"老师很惊讶地询问："妈妈掐你？"豆豆更加难过地说："我在家里只要不好好练琴，妈妈就掐我。"

情景二：吃完晚饭，妈妈在厨房洗碗，豆豆在听奶奶讲故事，妈妈从厨房走出来说："豆豆，你该弹钢琴了。"豆豆回答说："我在和奶奶讲故事呢！"妈妈坚持说："弹钢琴！今天弹半个小时就可以了。"豆豆很不情愿地说："我想看书，不想弹琴。"妈妈有点生气了："快点，别啰嗦！"这时，奶奶说话了："今天就放松一下，不愿意弹就别弹了。"豆豆听奶奶这样说，马上高兴地喊道："太好了，今天可以不弹琴喽！"豆豆妈妈走到豆豆身边把豆豆手里的书拿走，拉着豆豆说："妈妈说了要弹琴，就要弹琴，快去！"说着就推着豆豆坐到钢琴边上。

情景三：幼儿园接园时间，豆豆妈妈和老师诉苦："开始是豆豆喜欢钢琴想学钢琴我们才给他报的班啊，当时他还保证能坚持学完一年呢，但现在三个月不到，他每次弹钢琴都要哭闹一番，请老师帮忙跟他说一说，开导开导他。"老师说："既然他很不开心就缓一缓好了。"豆豆妈妈着急地说："不行啊，和他同班学钢琴的孩子都有开始准备考级的了，他的小汤1都还不熟。再说，很多小朋友都在学绘画、音乐之类的，他不能什么都不会啊，以后都没法和其他小朋友一起玩了。"

案例分析

钢琴这种音域宽阔、表现力丰富的乐器对于开发孩子的艺术潜能是再合适不过的了，把钢琴作为开启艺术大门的钥匙，让孩子学会享受音乐、探索音乐是很多家长的美好愿望，但在实际漫长的练琴道路上如何让孩子坚持下去，却是很多家长都遇到过的、令人头疼的问题。从心理学的角度而言，案例中的豆豆在学习钢琴的过程中表现出不想弹、不爱弹，其本质其实就是对钢琴的学习兴趣下降，学习动力不足。

兴趣是指一个人积极探究某种事物及爱好某种活动的心理倾向。它是人认识需要的情绪表现，反映了人对客观事物的选择性态度。兴趣的发生和发展一般要经历这样一个过程：有趣—乐趣—志趣。有趣是兴趣过程的第一阶段，也是兴趣发展的低级阶段，它往往是由某些外在的新异现象所吸引而产生的直接兴趣，其特点是：随生随灭，为时短暂。乐趣是兴趣发展的第二阶段，也是兴趣发展的中级水平，是在有趣定向发展的基础上形成的，其特点是：基本定向，持续时间较长。志趣是兴趣发展的第三阶段，也是兴趣发展的最高水平。它与崇高的理想和远大的奋斗目标相结合，是在乐趣的基础上发展起来的，其特点是：积极自觉，持续时间长，甚至终生不变。由于幼儿生理心理发展的局限，他们的认知结构和认知能力还不能达到较高的层次，故"志趣"在幼儿期基本不存在。①

兴趣最突出的作用即是它的动力作用。所谓动力作用就是说人的兴趣可以成为激发人们进行某种活动的推动力。"当一个人对某种活动产生了浓厚兴趣，就会为达到一定的目标显现出惊人的意志力和勇气，从而进行不懈地努力和奋斗，并在活动中表现出极高的创造力，而且还能体验到愉快和满足。"②

案例中的豆豆原本对学习钢琴是感兴趣的，但这种感兴趣可能只是出于新奇、好玩，只是兴趣发展的第一个阶段，其本身维持时间不会很长，再加上钢琴练习过程的枯燥，很容易使豆豆对学习钢琴的兴趣急剧下降，如果这个时候家长不能理解这一点，还指责孩子，逼迫孩子，甚至动辄打骂孩子，不仅会阻断儿童艺术学习的通路，还会对孩子的身心发展和家庭关系带来负面影响。

可能的原因如下：

1. 钢琴练习本身漫长而枯燥、艰难。

钢琴对于幼儿初学者来说，是一个新奇的"庞然大物"，起初他们怀着一种好奇心按下几个琴键，又对其高低不同的奇异音响产生最直接的兴趣，而这只是幼儿觉得"新奇、好玩"，觉得学钢琴是"有趣"的，这只是兴趣发展的第一阶段。随着接触钢琴的时间增多，幼儿需要面对漫长的练习过程，日复一日地演练各种钢琴演奏技巧，幼儿最初对钢琴的新奇感就没有了，觉得"不好玩"了，对钢琴的学习兴趣就下降了。儿童的注意力和兴趣本就不是很稳定，这个时候对学习钢琴的兴趣发生转移在所难免，如果再加上一些其他外力因素比如大人的指责和逼迫，幼儿对钢琴学习的兴趣就难以

---

① 乔馨：《幼儿钢琴学习兴趣培养的研究》，中央民族大学 2007 年硕士学位论文。
② 皮连生：《教育心理学》，上海教育出版社 2004 年版。

发展成乐趣，甚至出现对钢琴学习的抵触。

2. 家长对儿童艺术学习的本质认识存在误区。

世界上很多著名的艺术教育理论，包括铃木镇一和柯达伊等人都主张艺术教育的本质是培养人的精神人格和道德情操。对钢琴艺术的学习和体验，更多的是耐心、毅力、善良等人类美好品格的培养，是对爱的理解，对美的追求。例如柯达伊主张"音乐属于每一个人"，通过让儿童学习民族音乐，从而了解民族的文化，更加热爱自己的民族。而铃木镇一则是希望通过采取适当的方法对孩子进行音乐教育，使任何一个普普通通的孩子都成为具有美好心灵的人。本案例中豆豆妈妈可能对儿童学习钢琴的本质有误解，考级、一技之长都是成人功利性质的艺术教育目的。一旦有了这些功利性质的目的，会给孩子的艺术学习带来负担和压力，甚至会剥夺儿童本来拥有的感受艺术和美好的权利。

3. 母亲对孩子钢琴学习的指导方式不恰当。

钢琴学习是一件非常不容易的事情，学习者需要花费数年甚至数十年的练习，才能达到一定的演奏水平。孩子学习钢琴的年龄小，对教师和父母的指导方式都有较大的考验。有过幼儿钢琴教育经历的人都明白：幼儿学习钢琴，兴趣的引发和保持是首要条件。所以对家长而言，最关键的指导是引发和保持孩子对学习钢琴的热情和兴趣，学习过程中，孩子烦躁的时候要抚慰他们，孩子沮丧的时候要鼓励他们，孩子遇到困难的时候，和他们一起想对策解决问题，指责和逼迫显然是适得其反，只会更快使孩子对钢琴学习失去兴趣。

专家建议

学习钢琴有其自身的特点，即学习钢琴需要在精神高度集中、身体高度协调的情况下，常年重复同样的东西，豆豆对这个过程感到枯燥、不喜欢，很正常。站在父母的立场，希望孩子在学习钢琴上能坚持下来，最好能把握教育的一个基本原则，即引发并保持孩子的学习兴趣。理解孩子学习钢琴过程中表现出来的各种行为，以不伤害其学习兴趣的方式解决孩子在学习过程中遇到的各种问题。《3—6岁儿童学习与发展指南》明确指出，在乐器演奏学习方面，大班幼儿应当乐于运用乐曲模仿自然界和生活环境中有特点的声音，并产生相应的联想，愿意和别人分享、交流自己欣赏钢琴曲或演奏钢琴时的美感体验，并能用钢琴表达自己的感受和想象。家长应对幼儿的艺术表现给予充分的理解和尊重，不能用自己的审美标准去评判幼儿，更不能为追求结果的"完美"而对幼儿进行千篇一律的训练，以免扼杀其想象与创造的萌芽。

具体对策：

1. 家长调整对孩子钢琴学习的期待。

家长们应重新审视自己让孩子学习钢琴的原因是否带有功利性质，当带上各种功利性质的目的时，家长会强烈期待孩子在一定时间内学会一定的内容，达到一定的学习目标。如果家长明白艺术教育的本质是让孩子从中体验到爱、体验到美，并最终获得愉悦的过程，也就不会做出那么多逼迫、指责甚至打骂孩子等与艺术教育本质背道而驰的举动了。著名旅美钢琴家茅为惠在其著作《孩子学钢琴，父母先上课》中通过自己的学琴经历，告诉中国众多琴童家长孩子学钢琴自己应该建立怎样的良好心态，这样不仅父母不累，孩子还更容易因为学钢琴而收获愉悦和幸福。

2. 探索一些激发并维持孩子学习兴趣的方法和策略。

孩子学习钢琴难坚持的问题其实是一个共性的问题，绝大多数的孩子在学习钢琴的时候都会出现不想弹不爱弹的时期，所以这也是大家喜欢探讨的一个热门话题，网络上、学术期刊上有很多文章介绍如何培养孩子音乐学习兴趣的方法，父母可以多多学习，并结合自家孩子的特点摸索一些适宜于激发或维持孩子学习钢琴的兴趣的方法。在此列举几种：

（1）为孩子的钢琴学习兴趣做好铺垫工作。研究证明，只有在学习"半生不熟""似懂非懂"的东西时,孩子才会对它产生兴趣并迫切希望掌握它。如果家长平时通过参加音乐会或在家经常播放一些美妙的音乐片段让孩子对一些乐曲有所了解并激发出孩子的美感体验后,老师再教授时,孩子会学得特别认真。铃木的教学很好地利用了这一点。在最开始时孩子们往往要观望同伴学习或父母学习很长时间后,教师才开始教他们学琴。

另外也要为孩子创造一个良好的音乐学习氛围,比如在家时,家长给孩子讲一些有关音乐和音乐家的故事,不仅可以扩大他们的音乐视野,还可以激励他们努力练琴。

(2) 为孩子的钢琴学习兴趣做好殿后工作,适时为孩子的钢琴学习阶段成果提供展示的机会,如举办一个家庭音乐会或为孩子录音。如果说兴趣是学习最好的老师,那么进步和成就感就是兴趣最好的老师。当孩子在钢琴学习中取得一定进步时,家长应适时地为孩子的钢琴学习喝喝彩,鼓鼓掌,做个粉丝。有时家里来了亲戚朋友,请孩子弹奏一曲;父母或爷爷奶奶过生日的时候,邀请孩子"创作"一首钢琴祝福曲;时不时给孩子录音,作为手机铃声等等,孩子从中都能因为自己的钢琴演奏被认可、被欣赏而高兴,学习的劲头会更足。

(3) 按照孩子艺术学习的进步节奏,学会耐心等待,一定要充分尊重孩子的学习过程。如果在某个阶段,有几首曲子他始终弹不下来,尽量避免硬性的坚持,可以换一首。有一种方式可以尝试,就是"抽签"式。把孩子已经能弹下来的曲子标题做成签,每天让孩子自己来抽,抽到哪首就弹哪首。由于总有惊喜出现,孩子又愿意表现出"怎么都难不倒我",无形中练习的主动性和积极性就会高很多。

(4) 实施有效的陪练方法。音乐的耳濡目染对于幼儿学琴兴趣的培养起着一种潜移默化的作用,同时父母参与陪练也能让孩子在漫长的学琴过程中感受到来自家人的情感支持。因此家长在陪伴孩子练琴过程中,不要做一个严厉的监督者,而应扮演一个充满友爱与赏识的旁观者,一个耐心而慎重的提醒者。在欣赏孩子练琴的过程中可以自然穿插一些建议,切不可因为急躁和生气而责骂孩子。另外，练琴过程中要注意培养孩子的独立性。在与学钢琴有关的一切事情中，凡属于孩子本身能力范围之内的，都要由他们自己动手动脑去做，家长切不可代劳，比如调整好琴凳的位置距离、翻开乐谱摆在谱架上、练完琴盖好琴盖、擦拭钢琴上的灰尘、上课路上自己携带教材曲谱等等，都要由孩子自己来承担，有利于形成"学习钢琴是自己的事情"的心理，既培养了独立性又增加了学习兴趣。[1]

做法举例

豆豆妈妈学会了耐心等待，不再以家长的眼光来要求和催促豆豆学琴，而是发现豆豆音乐学习过程中的美好之处来及时加以肯定，豆豆感受到了尊重，并且逐渐克服挫折，建立自信。

豆豆的父母给孩子创造听音乐会影音资料的机会，丰富了感受艺术美的资源，还原了小孩子本来就存在的对艺术美好的向往，豆豆和妈妈的关系变得更加亲密和谐，很少看到豆豆和妈妈发脾气了。遇到不开心的事情或问题时，豆豆愿意主动和妈妈交流并说出内心的想法。

资源链接

"世界音乐大师系列"（10册）

这是一套针对儿童的、全面介绍音乐名家及其作品的绘本故事书，以生动易懂的形式把贝多芬、莫扎特、巴赫等大师的故事和音乐一起讲给孩子听。通过细腻的文字和精美的图画，孩子们可以了解各个音乐家的人生经历

---

[1] 乔馨：《幼儿钢琴学习兴趣培养的研究》，中央民族大学2007年硕士学位论文。

和作品的创作背景,从而更好地了解他们的个人风格,更深刻地体会他们音乐中蕴含的丰富情感。每本书附赠一张音乐光盘,包含10位音乐大师古典音乐代表作,由世界大师、乐队精心演绎。孩子们可以一边阅读大师故事,一边聆听大师杰作,让所有学音乐的孩子们在阅读和聆听中感受音乐带来的快乐,感受古典音乐之美,培养音乐学习的兴趣!

《巴斯蒂安钢琴教学成功之道》/ 詹姆斯·W·巴斯蒂安

本书涉及钢琴学习的内容较为全面,从0基础开始的科学习惯到逐渐进阶,系统分析了钢琴教学的方方面面,它告诉钢琴教师该怎样教授学生,告诉学琴家长该怎样辅导孩子,告诉学琴者该怎样学习演奏,还告诉我们该怎样上集体课,该怎样挑选教材,以及那些伟大的演奏家是如何教学的。家长及教师都可以从中汲取有益的内容。在针对初级教学的内容方面,谈及了从学龄前儿童到中级程度学生的教学,也特别为诸如保留曲目、技巧、理论和补充材料等提供了建议。

(段伯毅、邱香撰写)

【案例4】爱说谎的孩子

案例介绍

轩轩，6岁，男孩。爸爸妈妈都是高学历，有了轩轩后，妈妈就辞去工作做全职妈妈，爸爸是企业高管，平时夫妻俩经常一起接送轩轩。在轩轩上大班时爸爸妈妈发现他多次说谎，训斥后效果不明显，感到有点不知所措。

情景一：一天轩轩正在家玩水枪，妈妈要出去买东西，就说："我出去一会儿，你好好待着，不要把水弄得到处都是。"轩轩点点头，妈妈就出门去了。一会儿，妈妈回来了，看到地板上到处是水，就怒气冲冲地厉声问道："地板上怎么到处是水啊！轩轩，是你干的吗？"轩轩吓得一愣，怯生生地小声说："是我。我枪里的水没有了，就去厨房装了，结果盖子掉下来，水就洒出来了。"妈妈训斥说："叫你不要到处洒水，你不听，弄得到处都是，还得我来收拾，你听不听话呀……"轩轩感到很委屈，因为他不是故意把地板弄湿的。

有一天，轩轩一回到家就高兴地从口袋里掏出3个小星星贴图对爸爸说:"爸爸,你看,这是我的小星星。""哪里来的呀?"爸爸问。轩轩说:"张老师(教外语)给的。""是上课表现好,老师表扬给的吧?"轩轩点头,爸爸赞扬说:"哦,我家轩轩真棒。把星星贴在墙上,让妈妈看看。"过几天,妈妈到幼儿园接轩轩,张老师与她沟通中聊到轩轩这一段时间来上英语课都坐不住,注意力不集中。妈妈想起轩轩得到星星奖励的事,就说:"轩轩前几天还说得到星星了。"老师说:"唔,我这段时间没给过他。"

情景二:幼小衔接课上,老师用积分卡的形式激励孩子的学习兴趣。积攒到一定分数就可以换小礼品。但是有一些孩子的卡片会不小心弄丢,老师捡到后会还给他们。一次老师又捡到了几张卡片,问是谁丢的,轩轩迟疑地走过来说:"老师,是我丢的。"看到他闪烁的眼神,老师有些犹豫,问:"你丢了几分的卡片,你现在还剩下几分?"轩轩有些惊慌,说了一个数字,但是老师发现轩轩说的数字和自己手里的卡片相加已经超过了实际的总分,因此判断卡片很可能不是他的,追问下,轩轩终于承认那些卡片不是他的。

情境三:阅读活动中,老师请孩子们回家准备一个"传统故事"到幼儿园和大家分享。第二天有半数的孩子都准备并分享了自己的故事。因为是自愿分享,老师没有强迫每个孩子都必须做到,在活动结束前反复询问,担心有疏漏,并且在结束后把活动当天的现场照片发给了家长们。爸爸看到后问轩轩:"为什么没有你的照片,你没分享吗?"轩轩说:"分享了呀,是老师忘了发照片吧。"隔天上午,轩轩爸爸有些生气地找到老师,询问为什么轩轩讲了故事却没有他的照片。老师仔细地回忆了经过,确定轩轩当天并没有分享故事,也没有表示有分享的意愿。当面核实后,发现轩轩又一次向爸爸妈妈说谎了,爸爸知道后生气地训斥了轩轩。

案例分析

孩子的说谎行为不是一朝一夕形成的,产生的原因有多种,但本质的原因在于为逃避处罚尽力撇开自己的责任而编造谎言。英国著名教育家洛克曾说："撒谎是遮掩任何不良行为的一种极简易极便宜的方法。"哲学家罗素也说："孩子不诚实几乎总是恐惧的结果。"孩子在做错事后会出于自我保护、逃避责任、害怕被惩罚的心理而编造一些能骗过父母的"故事"。2～3岁的孩子已经有了一些初步的是非判断能力，但对说谎的认识是杂乱无章的，当他们发现自己做错事时，会本能地害怕随之而来的惩罚，特别是已经有过做错事被训斥、惩罚的经历时，就会通过说谎来掩盖自己的错误。4～6岁的孩子不仅能有策略地说谎，而且能成功地掩饰自己的说谎行为。情景三中轩轩说自己参与了讲故事，就是他采取说谎策略以逃避家长批评的心理反应。这是从孩子心理角度分析说谎的原因。

从家长的角度来看，有些父母在孩子做错事情时，不问青红皂白以训斥、打骂的方式教育孩子，在孩子的心里留下了深刻的烙印。有过这样的经历后，为了避免挨打挨骂，孩子就会用说谎来掩饰自己的过错。在情景一中的第一个事件中，轩轩承认了自己的错误，但妈妈并没表扬他的诚实，而是把注意力放在地板的水上。孩子在玩耍中往往由于玩得专注，而没有注意保护地板，况且6岁的孩子通常难以同时把注意力分散到几件事情上。从轩轩两三岁开始一旦他做错事，妈妈立马脸色变阴，声色俱厉地大声训斥孩子，但很多时候并不是孩子故意做错事。承认错误得不到鼓励，而不小心犯的错则引起家长的训斥。为了不受妈妈的训斥，在以后遇到犯错误时，孩子就会选择说谎。如果轩轩在成长过程中做错了事，父母不是训斥，而是问清原因再作出是原谅还是批评的决定，这样轩轩做错事就不会为逃避惩罚而撒谎了。

因此，对孩子的撒谎行为父母要理性地分析孩子的动机。如果明显是孩子找借口推卸责任，那就要严厉批评指出这是一种说谎行为，不能得到原谅，必须改正，让孩子明白说谎这种行为比所做错的事更严重。如果孩子承认自己的错误，家长首先要表扬孩子的诚实；其次，对于孩子出于大意而做错的事，家长则要平静地指出错在哪里，怎样改进，并表明希望以后不要再犯同样错误的愿望。

每个孩子在成长的过程中多多少少都会出现说谎的现象。如果孩子出现说谎行为,家长要理智地分析孩子说谎的心理因素:

1. 希望得到家长的表扬或赞扬。

有的孩子明明是从幼儿园拿的东西,却说是老师表扬他,奖励给他的。这跟家长很少表扬孩子有关。每个孩子都希望博得别人的赞赏或关注。有些家长较粗心,对孩子要求较高,对孩子生活中取得的一点一滴的进步视而不见,如能自己穿衣服,能用积木搭起一幢楼,他们只关心孩子学习怎样,如是否学会唱一首歌,是否会背数字等。孩子能力达不到家长的高要求,但为得到家长或老师表扬就会通过撒谎这种简捷的方式达到目的。情景一中的轩轩拿星星贴纸回家就是为了得到家长的表扬。这反映了轩轩的爸爸妈妈平时对孩子太严厉,不太关注孩子的心理需求,因此孩子想用不诚实的方式去获得家长的表扬和关注。

2. 攀比或虚荣心。

孩子在很小的年龄就有攀比或虚荣心,如情景二中轩轩拿别人的积分充数就有这种心理作祟。别的小朋友得到了礼品,自己没有得到,所以想法得到礼品以便可以在别的小伙伴面前炫耀。

3. 极其想满足自己的需求。

孩子在成长过程中不仅有物质上的需求还有精神上的需求。对物质上的正常需求得不到满足时,孩子也会通过谎言来掩饰。如有的孩子很喜欢幼儿园的新积塑,家里没有,求过妈妈买,妈妈不给买,所以孩子就把幼儿园的积塑拿回家,又怕妈妈批评,就告诉妈妈是地上捡的,或别的小朋友送的。逃避被妈妈批评、随便拿别人的东西回家是表面现象,其本质是孩子想得到喜欢的玩具,在得不到满足时就想通过别的方式获得。但孩子又有"拿别人东西不是好孩子"的是非判断能力,所以只能用说谎来满足自己的需求。除了物质需求外,孩子也有精神上的需求,如在情景三中轩轩说谎的原因是他很想参加故事分享会,但自己忘了回家准备,结果没有参与故事分享。他意识到了自己忘记准备故事所带来的后果,但为了不让家长知道自己的小过失而说了谎。

4. 家长的不良影响。

有些家长在生活中无意识地在孩子面前表现出撒谎行为，如明明孩子的爸爸在家，当别人打电话来找时妈妈回答说不在，或家长与别人相撞时不是先道歉而是先发制人地骂别人撞到自己，这些行为被孩子看到听到后也会依葫芦画瓢地学习，因为他们分辨是非的能力有限，认为这些行为是被允许的，遇到自己犯错自然就会撒谎，找借口推卸责任。

有些家长较爱虚荣，老要把孩子与别人的孩子对比，如说："儿子，你看小冰又得了五个小红星！""你看，小明弹琴弹得真棒，你什么时候也学学别人啊！"孩子为了迎合家长的虚荣心、得到表扬而编出谎言。情景三中轩轩说谎可能还有一个原因是爸爸妈妈平时比较在乎孩子不能输在"起跑线"上，别的孩子参加了什么活动，得到了什么奖励，他们都会说："你们班其他小朋友都参加了拍球比赛，你怎么不去呢！""你们班张明都得奖了，你怎么没有呢！""没出息！"为了满足家长的虚荣心，为了得到肯定，轩轩就说谎了。

专家建议

《3—6岁儿童学习与发展指南》中指出，家庭要为幼儿创设温暖关爱的家庭生活氛围，建立良好的亲子关系，让幼儿在积极健康的人际关系中建立安全感和信任感，只有孩子对家长充分信任，他们才会对父母说实话。心理学研究结果表明，家庭功能发挥越好，孩子说谎就越少。如果家庭成员之间建立了良好的沟通关系，规则明确，赏罚分明，孩子合理的需求能够得到父母的满足，孩子自然就没有必要通过说谎达到目的。因此父母与孩子建立良好的沟通关系是解决这个问题的主要途径。[①]

[①] 董会芹，刘倩，张文新：《幼儿说谎与问题行为、家庭功能的关系》，《中国临床心理学杂志》2014年第1期，第174–177页。

幼儿的社会性是在日常生活和游戏中通过观察和模仿学习发展起来的，成人应注重自己的言行对幼儿的潜移默化的影响。

1. 家长帮助孩子正确认识自己的错误。

家长首先要清醒地认识到每个孩子在成长过程中都会犯错误，小到摔坏东西，大到打人，拿别人的东西回家。在孩子出现这些问题时，家长不要一味责备，而是要问明孩子的想法再进行教育，如轩轩把水洒在地板上，如果是不小心的过失，那就提醒孩子下次玩时要注意，并让孩子自己去拿拖布来拖，让孩子通过"劳动"接受惩罚，并告诉孩子说："有错误没关系，改正了就是好孩子。"本身孩子犯错误后心里就担忧害怕，如果家长还不分青红皂白地责备，孩子心里更加紧张害怕，以后遇到错误就会想方设法说谎掩盖事实。有些家长很纳闷，自己对孩子严格要求，孩子却一而再再而三地说谎。家长应该知道对孩子的过错一概严厉苛责，结果越苛责，孩子越说谎，形成了过错—说谎—责备—说谎的怪圈。特别是母亲在生活中经常拒绝或忽视孩子的要求，孩子越易说谎。所以家长要经常与孩子交流，在交流中保持和蔼平等的态度，让孩子放下心理负担，对爸爸妈妈有充分的信任，他们就会大胆地说出实话，改正错误。

2. 家长对孩子的说谎要正确区分。

孩子的说谎可分为无意说谎与有意说谎，情景三中孩子撒谎说老师忘了发自己的照片就是有意说谎。父母与孩子间的相互信任和理解是孩子诚实的前提条件。要让孩子知道，即使他说了谎，你还是爱他的，你能理解他的心情，所以不能以训斥这种简单的方式处理有意撒谎行为。如果孩子是有意说谎，首先要用平静严肃的态度指出孩子说谎不对，并表明家长的基本原则：不允许说谎，下次再说谎要受到严厉惩罚。其次分析孩子说谎的原因，如果孩子是怕受到惩罚，家长就要反省过去是否有过严厉斥责孩子过失的情况，如果有这种情况出现过，那就需要改正这种简单粗暴的教育方式。遇到孩子粗心大意犯了错误，家长要平心静气，创造一种说实话的宽松环境，给孩子申辩的机会。如果孩子是想得到某种东西而说谎，家长觉得这种需求不能满足时要耐心讲明道理,如"你已经有很多玩具了,很多还没玩过,再买就是浪费了"。或者家长陪着孩子一起用已有玩具玩新游戏,孩子就不会强要新玩具了。

孩子的想象力是很丰富的,但又不能把想象与现实分开来,通常把两者混淆,因此就有常说的瞎编乱造的情况,这就是无意说谎。如有的孩子在看完童话故事或电视剧后会说自己住在一个山洞里,洞里有怪物,自己把它们打败了。无意说谎说明了孩子的想象力丰富,这就是孩子喜欢听童话故事的原因。孩子在编故事的过程中享受到了想象的快乐,这样的"说谎"是一种正常的心理现象。遇到孩子这样"说谎",家长不能气急败坏地训斥批评,如果孩子是在编故事中把想象与现实混淆了,那家长不要责备孩子,当面揭穿孩子说谎,而要保护孩子的想象力与创造力,以鼓励的口吻说:"你的这个故事真好听。你是不是想住到一个奇妙的洞里?可是这里没有洞,而且洞里没吃没喝怎么办呀?"在对话中帮助孩子分清想象与现实。

3. 家长适当地宽容孩子的说谎。

家长往往认为说谎是极其严重的错误,是最不能原谅的不良行为。他们因担心自己的孩子会成为坏孩子而焦虑不安。国内外的研究显示,六岁前孩子说谎是一个较普遍的现象,所占比例最低达到40%左右,最高达到75%左右。[①] 随着年龄增长,说谎人数呈递增趋势,即四岁儿童比三岁儿童说谎的人数多;而且随年龄增长运用说谎策略的技巧更复杂。这与孩子在幼儿阶段想象力丰富而道德判断能力较差相对应。幼儿阶段说谎行为较普遍的特点也是对家长心理的挑战。耐心地对待孩子的错误,耐心地等待孩子的进步是家长教育孩子的基本素质。对于孩子的说谎,家长不能太苛求,要与孩子沟通,并能体谅孩子当时逃避责任的心理,指出以后遇到同样情况该如何去解决问题,如何去表达自己的想法与情感。但宽容并不是不管,而是要家长用

---

① 傅根跃,王丽:《儿童说谎行为的研究述评》,《浙江师范大学学报(社会科学版)》2007年第4期,第30-34页。

心观察孩子,在保护孩子自尊心的基础上指出孩子说谎是非常错误的行为。对于多次说谎的孩子,家长则要态度严厉但又要耐心地说理,如"上次说了不要说谎,这次又说谎了。不要以为爸爸妈妈不知道。你这次为什么这样做呢?是不是想要玩新玩具?如果想要可以告诉爸爸妈妈"。

4. 家长要树立诚实的榜样。

榜样是一种于无声处的教育策略,它的影响是潜在的、长久的,英国著名教育家洛克曾指出"没有什么事情能像榜样这么温和地而又深刻地打进人们的心里"。所以平时父母要注意自己的言行,不要说谎,即使是善意的谎言也要避开孩子。家长不能盲目将自己的孩子与别的孩子进行比较,不然会滋长孩子的虚荣心或攀比心,虚荣心或攀比心会驱使孩子编"大话"。

5. 家长要主动与教师沟通,协同教育,减少孩子说谎的机会。

在幼儿园和家庭中表扬与鼓励的运用是把双刃剑,一方面可以通过这种方法来调动孩子参与活动的积极性,但它也可能带来孩子为了得到表扬而说谎的后果。每个孩子都是独立的个体,他们的心理发展有差异,不可能在同样的活动中都得到表扬。有些孩子身体素质发育较好,在体育活动中得到老师的表扬,有些孩子外向,反应快,回答问题的机会多,得到的表扬也多。有些孩子身体弱,反应较慢,不喜欢回答问题,几乎没有得到过老师的表扬。但孩子从心理上总是希望得到表扬,在得不到表扬的情况下就会采用一些不恰当的方式,如拿别人的奖品当作自己的。所以家长多与老师沟通可以了解到孩子在园的真实情况,在发现孩子说谎时要冷静分析孩子的不诚实的原因,与老师交换意见,通过适宜的方式帮助孩子改正说谎的缺点。如果是孩子胆小不爱回答问题,又想得到表扬,老师可以走到孩子身旁听孩子的回答,或鼓励孩子回答问题,然后给予表扬。家园合力教育有利于孩子是非分辨能力的发展,有助于他们获得成就感与自信心,从而减少说谎的机会。

6. 家长对诚实与说谎要态度鲜明。

一旦发现孩子有说谎行为,家长要表明态度,指出这种行为的严重后果,让孩子明白父母是能识破自己的谎言的。家长平时可以通过儿童文学作品教育孩子认识到撒谎是不良的行为。对于孩子的诚实、勇于承认错误要大加表扬，而且要在亲人、朋友面前赞扬。

做法举例

轩轩妈妈认识到孩子是在尝试错误中成长的。当轩轩做错事后，妈妈不是着急训斥，而是用平和的语气问造成不良后果的原因，如水怎么洒地上了，或图书怎么被撕坏了。当轩轩承认自己的错误时，妈妈首先会表扬他诚实勇敢，然后用温柔的语气帮他分析造成错误的原因，并提出以后改正的具体要求，如"下次玩时要把枪拧紧，水就不会洒到地板上了"。

轩轩说谎了，妈妈首先指出这种行为不好，并通过讲《狼来了》《匹诺曹》等故事，让轩轩明白说谎的后果很严重。反复听了这些故事后，诚实的道理慢慢内化到轩轩的心里，再加上妈妈营造的宽松的讲道理的环境，轩轩不再用谎言来掩盖自己的错误了。

资源链接

《木偶奇遇记》/ 卡洛·科洛迪

书中的《撒谎后的鼻子》讲述了匹诺曹逃学、偷面包、放走了大婶的鸡、说谎话后，为自己的不良行为付出了代价。后来匹诺曹经过现实的教育和自己的一番努力，变成了诚实、懂事孩子的故事。

《兔子的尾巴》

故事来源：http://www.sohu.com/a/208769326_559429。

故事浅显易懂，十分有趣，讲述了两只兔子为了让乌龟搭自己过小河而谎称自己有许多孩子，最终受到惩罚。这个故事蕴含着不要撒谎、诚实做人的道理。

《爱听妈妈讲故事：伊索寓言》/ 龚勋

其中《狼来了》的故事讲一个放羊的小孩多次欺骗农夫们说狼来了，等狼真的来了，农夫们不再相信他，结果他的很多羊都被狼咬死了。这则寓言故事告诉孩子要诚实，不能说谎去愚弄他人。

（戴莉撰写）

【案例 5】总是找借口的孩子

案例介绍

涛涛是一个 6 岁男孩。爸爸妈妈目前都是外企公司的职员，平时工作比较忙，每天都是最后一个来接涛涛，他们从不参加班级家委会组织的活动，一家人独来独往。

情景一：建筑区，几个男孩子在区域里搭起了高高的城堡，开始还玩得好好的，突然听到"哗啦"一声，城堡倒塌了，还差点砸到了几个小朋友。老师询问原因，大家都指责涛涛，涛涛噘着嘴说："不是我一个人弄的，乐乐也在旁边，是他碰倒的。"

情景二：有一天，涛涛和小朋友发生了冲突，把一位小朋友的脸抓伤了。接园时，老师跟涛涛妈妈沟通了当时的情况，说到涛涛把一个小朋友的脸给抓伤时，涛涛妈妈激动地打断了老师："不会的，老师，涛涛不会故意弄伤小朋友，一定是那个小朋友先动的手，涛涛肯定是被打了才会还手的。"

情景三：一天上午接园，涛涛妈妈拉着涛涛找到老师："涛涛的雨伞和水壶周一上午就丢了，他说雨伞就挂在柜子上，水壶就放在窗台上，到现在也没找到。"涛涛比较容易丢三落四,平时经常乱扔东西,所以老师很委婉地提醒涛涛妈妈:"涛涛妈妈别急,我们在班里好好找找,也让涛涛好好回忆一下是不是放在别的地方了?"涛涛妈妈立刻反驳:"不可能,我相信涛涛,他不会记错的,也不会说瞎话。"淘淘妈妈这样武断的态度让老师有些不愉快,但老师依旧平静地答应尽量帮他找。但涛涛妈妈突然蹲下来抱着涛涛说:"涛涛,没关系的,丢了就丢了,可能是其他小朋友觉得你的东西太好看了,很好奇,所以拿走了,妈妈再给你买新的啊。"说完,拉着涛涛就走了……

情景四:接园的时候,老师跟涛涛的妈妈解释说,今天做完早操回教室的时候,涛涛又撞到了门上,脑门撞出了一块淤青。涛涛妈妈面带不悦地跟老师说:"老师,另外一扇门可以打开吗?我们家涛涛都撞了两次了。"涛涛也在一旁说:"妈妈,是门不好,把我撞疼了,我要把它打烂。妈妈你踢它。"老师在一旁提醒涛涛:"涛涛,走路的时候要看路,看着前面,注意老师的提醒就不会被撞到了。"涛涛妈妈对老师说:"老师,孩子小,哪能注意到那么多,我看下次您还是把门开大点吧。"说完,拉着涛涛就走了……

案例分析

在遇到问题的时候,涛涛总是把责任推到他人头上,或者归结为客观原因,而不找自己的问题。涛涛的这种思考问题的方式很明显是受到涛涛妈妈的影响。从案例中我们可以看出,每次遇到问题,不论是丢东西,还是撞伤,涛涛妈妈没有引导涛涛去思考自己该对这个问题负什么责任,而是把问题归结为是他人造成的。长此以往,涛涛妈妈的教育方式会对涛涛思考问题的方式以及自我意识的发展造成非常不利的影响。

造成涛涛喜欢推卸责任的心理特点的原因可能有以下几个方面:

1. 涛涛看待问题的归因方式是典型的外部归因方式。

归因，即归结行为的原因，指个体对取得的结果进行解释的方式。美国心理学家韦纳对行为结果的归因进行了系统的探讨，并把归因分为三个维度：内部归因和外部归因，稳定归因和非稳定归因，可控归因和不可控归因。如能力和努力程度是个体的内部因素，如果人们把成功或者失败归因于这二者，则是进行内部归因；运气、任务难度是外部因素，如果人们把成功或失败归因于这二者，则是外部归因。另外，努力是不稳定的、可控制的因素，天资是稳定而不可控的因素，而运气是不稳定和不可控的因素。在遇到问题的时候，涛涛妈妈总是把问题的出现归结为是别人造成的，也就是把问题归因为外部的、不可控的因素，既然不可控，那也就不必为这件事情负责任了。这种外部归因，容易让涛涛认为自己做的事、自己犯的错误不必负责任，因为是他人的原因造成的。在遇到问题的时候，涛涛也容易以这样的思考方式去看待，觉得这个问题应该由其他人来负责，自己不必通过努力去改变或者解决遇到的问题。

2. 外部归因的方式不利于涛涛自信心的发展。

一般来说，一个自信的人会将成功归因于内部因素，将失败归因于不稳定、可控制的因素，也就是努力。涛涛妈妈每次遇到问题总是归结为他人的因素，实际传递出了对涛涛的不信任。比如，当涛涛的东西找不到时，妈妈的表现是在暗示对涛涛能够记住放东西的地方或者对涛涛能够保管好自己物品的不信任；当涛涛撞伤自己时，妈妈的表现也是在暗示涛涛不会在成人的提醒下学会保护自己。在幼儿阶段，儿童对于自我的看法主要来自成人的反馈和评价，妈妈的表现和想法就像是一面镜子，涛涛从这面镜子里看到的自己就是没有能力控制自己的行为、记忆力差、保护不好自己、无力解决问题、不能承担责任等等。这样消极的自我概念会让涛涛不相信自己的力量，而妈妈的辩解虽然让涛涛可以免去承担责任的麻烦，但是，在这个过程中也剥夺了涛涛通过自己的努力去解决问题，从而获得自我成长的机会。孩子的自信更多的是从自己做事、解决问题的过程中感受到自己的力量中萌生的，涛涛妈妈的做法不利于涛涛自信和自主性的发展。

3. 妈妈的归因方式会让涛涛看待问题的方式比较消极。

一遇到问题，涛涛妈妈不是鼓励孩子直面问题，正确看待问题，并且相信自己能解决问题，而是首先指责他人，怪罪他人，好像自己生活中的麻烦都是他人故意给自己设的障碍。长此以往，涛涛会将自己与他人的关系变为对立关系，把麻烦和问题归咎为他人的故意，而对自己给他人带来的麻烦则不以为然，不以正确的态度对待和处理，这样容易让孩子形成消极的人际关系和消极的人生态度。

专家建议

家长应该改变自己的观念和对孩子的看法。在遇到问题时，不要总是采用外部归因的方式，而是要采用正确的归因方式，更多地把问题归因为自己不够努力、自己考虑问题不周到等，更多地思考和探索解决问题的方式和途径。

此外，家长要相信孩子，给孩子独立自主的空间，不要总是替孩子当挡箭牌。每个孩子都应该拥有一片属于自己的天空，他应该自由地在这片天空下飞翔。家长放手才能让孩子拥有独立自主的力量。

问题困境其实是孩子成长的契机，遇到问题时，家长应该鼓励孩子直面问题，帮助孩子寻找解决问题的方法。在问题解决过程中，自然地培养孩子解决问题的能力和自信心、责任心。

具体对策：

1. 通过具体的活动培养涛涛的责任心。

如果孩子遇到了问题，应该鼓励孩子想一想，是什么原因造成了这个问题，如何解决这个问题。如涛涛的水壶丢了，爸爸妈妈可以让涛涛想一想以后应该如何保管自己的东西。在日常生活中，外出游玩的时候，鼓励涛涛整理自己的物品，并管好自己的东西。

2. 鼓励涛涛主动跟同伴承认错误，发展涛涛的人际交往技巧。

小孩子之间难免会发生摩擦和碰撞，当孩子之间发生矛盾的时候，成人可以以此为契机，告诉孩子人际交往的一些基本规范，让孩子明白是非对错。如果是因为自己的过错给他人带来了麻烦，成人要鼓励孩子通过正确的方式弥补自己的过错，比如情景一中，涛涛把别人的玩具推倒了，就要真诚地向小伙伴道歉。成人也可以通过榜样的力量，让幼儿学会如何弥补自己的过错行为，如情景二中，涛涛抓伤了小朋友的脸，涛涛妈妈要对被抓伤的小朋友表示真诚的关切，并带着涛涛一起陪小朋友去医院做检查和包扎，给小朋友送一些水果表示慰问。妈妈通过这些实际的行动为涛涛树立良好的人际交往和沟通的榜样。在实际生活中，爸爸妈妈也要多和周围的人沟通交流，多参加集体活动，带领孩子参加朋友聚会，在集体生活中感受与人交往的快乐，也发展孩子与人交往的能力和愿望。

3. 在日常教育中采取正确的归因方式。

成人在和儿童一起玩游戏和做事的过程中，要采用正确的归因方式对儿童进行反馈。如成人和儿童一起玩游戏，如果儿童做得特别好，比如搭积木，孩子搭得特别高，那么，成人可以采用这样的方式进行鼓励："你搭这个高塔时，特别专心，而且想办法把它搭稳，一开始高塔塌了好几次，你也没有气馁，又继续努力，所以，才搭得这么好。"如果孩子失败了，不要指责孩子笨和能力差，而是要让孩子想一想是自己哪里做得不够好，还可以怎么改进，并想办法多尝试几次，以解决问题。通过这样的方式让孩子形成正确的归因方式，学会把问题归因为努力的因素，遇到问题时也能努力尝试，想办法解决问题，并在问题解决的过程中感受到自我的力量。

4. 要相信孩子，让他做力所能及的事情。

孩子虽然年龄小，但是却具有巨大的学习和发展的潜力，父母可以营造较宽松的心理环境，允许孩子自己尝试和犯错误，多给孩子提建设性的意见，少给孩子不必要的帮助，每天给孩子布置简单的任务让他独立完成。父母可以从日常生活入手，适宜地提出孩子能力所能及完成或稍克服困难就能获得成功的要求，给予孩子独立锻炼的机会，让孩子体验成功的快乐，建立自信心。当孩子尝试具有挑战性的任务时，成人应给予支持，孩子一旦克服了困难，取得了成功，他一定会特别自豪。这样孩子会逐渐形成向困难挑战的能力、信心和勇气。

做法举例

周末，涛涛爸爸带涛涛参加自己大学同学的聚会。爸爸们一起打牌，妈妈们则在一起聊天，小朋友们在一起开心地玩游戏。在玩游戏的过程中，涛涛和一个小朋友争抢玩具起了冲突。涛涛哭着来找爸爸，说别的小朋友欺负自己，抢自己的玩具。涛涛爸爸让涛涛想一想，为什么别的小朋友会来抢玩具，是不是那个小朋友想和涛涛一起玩，如果大家一起玩的话，可以怎么处理这个问题，鼓励涛涛和这个小朋友商量一下看怎么解决这个问题。涛涛和这个小朋友商量了一下，决定两人轮流玩这个玩具。

涛涛妈妈和涛涛一起玩篮球游戏，涛涛投了很多次都不能把篮球投进篮筐，有点沮丧，就说不想玩了。妈妈让涛涛再试一试，鼓励他不要放弃，并且跟涛涛分享投篮的方法，涛涛试了试妈妈教给他的方法，还是没有成功，就一屁股坐到地上哭了起来，还说是篮筐太高了，让妈妈把篮筐弄矮一点。涛涛妈妈耐心地跟涛涛说："篮筐确实有点高，但是，如果我们努力练习，一定会投进球的。这样吧，我们今天先练习二十次投篮，如果投不进，我们明天再来接着练习，看看练习多少天就可以投进了。"涛涛觉得妈妈的想法不错，就同意了。

涛涛的爸爸妈妈在日常生活中鼓励涛涛自己收拾整理自己的玩具，外出时自己整理小书包，保管好自己的物品，帮助家人做一些力所能及的事情，培养孩子的责任心和爱心。经过这样的一些活动，涛涛觉得自己特别能干，对自己所做的事情感到由衷的自豪。

资源链接

《我不是故意的》/ 布丽吉特·威宁格（文），伊芙·塔勒（图）

　　这本书描写了小兔子波力惹了一大堆麻烦，虽然他不是故意的，但是却给大家带来了麻烦。他用实际行动弥补自己的过错，为自己的行为负责。

《最重要的事》/ 邦廷（文），希姆勒（图）

　　这是一本描写拉丁裔移民在美国谋生的故事，正直的爷爷及时为孙子上了人生重要的一课——要为说谎负责。结果不仅没有失去人格，还赢得了他人的尊重，并光明正大地得到一份正式的工作。

《葡萄》/ 邓正祺

　　这本书讲述的是一只狐狸勤勤恳恳地种了一园子的葡萄，为了葡萄能够丰收，狐狸多方请教，最后得出最权威的一条真理——要有爱！书中的小狐狸悉心照顾葡萄的情节，懂得承担责任的内容让人感动。书中角色可爱天真的性格，符合幼儿的接受能力，易于幼儿联想和理解。故事快乐的结局，以及葡萄收获后小狐狸喜悦的心情也很容易引起幼儿的共鸣。

（王玉撰写）

【案例6】"厌学"的孩子

案例介绍

浩浩，男，6岁2个月，比较活泼好动。家里有爸爸、妈妈和姥姥。爸爸在事业单位上班，妈妈在私企做会计。平时妈妈和姥姥接送园多一点，爸爸在幼儿园出现的次数较少。

浩浩上小、中班时在幼儿园比较活跃，语言表达能力较强，在活动中愿意回答问题，但是上了大班后有时情绪会有波动，尤其接园时常不想离开幼儿园，不开心。姥姥来接园时，孩子比较磨蹭，有时会对姥姥发脾气，妈妈来的话则比较容易就离园了。

浩浩在家表现比较听话，妈妈对他要求比较严格。

情景一：上了大班，孩子们开始对文字感兴趣，在阅读时能指认自己认识的字，但基本都是常见的简单的字，小朋友发现浩浩认识很多字。浩浩说："我妈妈老让我在家写字，我都写了好多了，我会写自己的名字，还会写好多别的难的字。"但是在班里组织的小幼衔接活动中，老师发现浩浩并不爱写，别的小朋友都认真地学写数字或者学写拼音，浩浩经常没写几笔就在练习本上画画，有时候把本子画得乱七八糟，浩浩说他在家写得太多了，或者说他早就会了，或者说他写烦了，不想写了。

有一次，老师组织活动，让孩子们了解未来的小学生活。浩浩抢着告诉大家："上了小学就不能玩了，我妈妈说上了小学就得好好学习，不能整天玩玩具，要每天写作业，写不好老师会批评的。"其他孩子听完开始纷纷议论：小学真的这样吗？好可怕啊！

情景二：浩浩刚上小班的时候，老师去家访，爸爸妈妈就忙着让浩浩跟老师打招呼，刚打完招呼，就跟浩浩说："来给老师背首古诗，你不是会好多吗？"还对老师说："浩浩特别聪明，我们都没怎么教，他就会好多。"然后满足开心地看着浩浩给老师背唐诗。

上了大班，老师发现，有时浩浩交的作业比老师布置的多。浩浩告诉老师，妈妈说老师布置的作业太少了，还说现在不好好学习以后上小学就跟不上了。

情景三：上大班时，有很长一段时间，浩浩下午离园时都会闹情绪，就是不想走，说一回家妈妈就不让他玩，让他写字或者背诵《三字经》什么的，必须得妈妈检查，当天写得好或者背诵得好才能玩，可那时候已经晚了，玩不了多久了。

案例分析

从孩子在几个情景中的表现看，原本对认字感兴趣的浩浩开始出现兴趣下降，并对上小学产生了抵触情绪，主要表现为对小学学习的负面认知、在幼儿园不愿意按要求写数字或拼音、该离园时也不愿意早回家等。

从上大班开始，儿童需要进行必要的入学准备，但是入学准备并不是超前学习小学的知识，而是指学前儿童为了能从即将开始的正规学校教育中受益所需要具备的各种关键特征或基础条件[1]，或者是达到应有的身心全面发展的水平，包括身体和运动发展、情绪与社会性发展、学习方式或态度、言语发展、认知发展及一般知识基础等方面的准备[2]。其中，学习品质（approach-to-learning）尤为重要。研究发现，学习品质主要表现为主动性、目标意识、专注程度、独立性、想象和创造能力、抗挫折能力、坚持性和好奇心等。[3] 对幼儿来说，学习兴趣的形成、良好学习习惯的培养、学习方法与策略的掌握更加重要。[4] 这些因素不仅对儿童未来学业成绩的预测功能超过他们对认知经验的掌握，而且学习品质的培养在学前阶段最为有效。[5] 孩子在未上小学时就出现学习兴趣下降、对学习产生消极情绪的问题，那么他未来的学业学习一定会受到影响。导致这种现象的主要原因有以下几点：

1. 家长对幼儿入学准备了解不全面。

浩浩的父母过分关注写字、背诗等认知方面的经验准备，过度强调知识的传递，忽略了对学习兴趣和好奇心的保护，忽视了对孩子学习方式和态度等方面的培养，也忽视了孩子的情绪变化。这种忽视幼儿学习品质的培养，单纯追求知识学习的做法是短视而有害的。

2. 家长对幼儿入学准备指导方法不当。

幼儿正处在直观形象思维阶段，其认知学习主要是在生活和游戏中完成的，用机械记忆和强化训练的方式让幼儿过早识字、写字和背诵，不符合其学习特点和接受能力。浩浩妈妈采用这种填鸭式的教育方式不仅无法让孩子

---

[1] Gredler, G. R. Early childhood education-assessment and intervention: what the future holds. *Psychology in the schools*, 2000, 37(1): 73-79.

[2] 陈帼眉：《幼儿入学准备教育》，《学前教育研究》1997 年第 5 期，第 3–5 页。

[3] Kagan, S. L. Young children and creativity: lessons from the national education goals panel. http://www.ells.edu.cn/actives/fayan/6.doc, 2003.

[4] Love, J. M. Instrumentation for state readiness assessment: issues in measuring children's early development and learning. Princeton, NJ: Mathematica Policy Research, 2001.

[5] McDermott, P. A. Comparative functions of preschool learning style and IQ in predicting future academic performance. *Contemporary Educational Psychology*, 1984(9).

作好入学准备，而且还过早地摧残了孩子的求知欲望和对小学生活的向往，为日后的厌学情绪埋下了伏笔。此外，浩浩妈妈将浩浩是否写得好和背得好作为评价浩浩学习效果的唯一标准，也不符合幼儿年龄特点。

3. 父母对孩子缺乏必要的尊重。

儿童是具有独立人格的个体，得到他人的尊重（包括父母的尊重）是儿童成长过程中的一种基本需求，也是儿童获得安全感与信任感、发展自信与自尊的重要来源。从情景二可以看出，浩浩的父母将孩子当作他们的附属品，将自己的希望和想法强加到孩子身上，将孩子作为自己炫耀的工具，却忽略了孩子的感受，不利于孩子的社会性发展。

4. 家长存在从众的育儿心态。

在"不要让孩子输在起跑线上"等观念的影响下，许多家长感受到了来自周围家长的压力，在幼儿时期甚至出生不久就进行智力的开发，让孩子早早识字，做算术题，甚至学习英语单词。但是这种机械记忆和强化训练的方式不符合幼儿的学习特点和接受能力，会给孩子带来很多心理负担，影响其身心正常发展。

专家建议

《3—6岁儿童学习与发展指南》明确指出，"幼儿在活动过程中表现出的积极态度和良好行为倾向是终身学习与发展所必需的宝贵品质。要充分尊重和保护幼儿的好奇心和学习兴趣，帮助幼儿逐步养成积极主动、认真专注、不怕困难、敢于探究和尝试、乐于想象和创造等良好学习品质"。因此，家长需要遵循幼儿身心发展的规律和特点，客观合理地进行幼小衔接教育，引导幼儿作好入学准备。

具体对策：

1. **正确认识入学准备的全部内容，及时了解孩子的入学准备状态。**

家长需要通过多种途径全面了解入学准备的内容，充分认识到，入学准备包括身体、认知和情绪情感等各方面的内容，同时需要及时了解自己孩子的入学准备状态，特别是了解孩子准备不足的方面。例如：关注孩子的身体健康状况，了解孩子情绪是否稳定、是否养成了良好的生活习惯、是否愿意阅读、是否对一些事情有独特的想法、是否能够使用语言清楚表达自己的想法等。

2. **遵循孩子的学习方式和学习节奏，采用恰当的方法帮助孩子在不同的方面作好入学准备。**

对于大班幼儿来说，入学准备是必需的，但是，这并不意味着孩子必须按照家长的意愿被迫、被动地学习和记忆知识。家长应当在生活和游戏中引导孩子进行有趣的学习。例如：父母及时肯定幼儿的奇思妙想、引导幼儿独立思考等；经常带孩子参观图书馆、阅读不同书籍、参与仿编或创编故事活动，在共同生活和共同阅读过程中引导孩子自然而然地产生对文字的兴趣；与孩子一起玩游戏，一起发现和解决生活中遇到的具体问题，尝试发现事物间的异同和联系，引导孩子在对自然事物的探究过程中获得丰富的感性经验和发展形象思维，并尝试通过归类、排序、判断等方式初步发展逻辑思维；带孩子参观小学，帮助孩子认识小学生活的美好，了解红领巾等小学丰富的活动，以提升其对小学学习的新鲜感和好奇心。

3. **尊重孩子独立的人格。**

学习品质的获得，特别是良好的学习习惯的养成和学习主动性的形成，有赖于儿童人格的独立。如果生活、学习的一切只能被动接受父母的安排，人格的独立无从谈起。因此，父母应当改变大包大揽的习惯，营造温馨的家庭环境，建立平等的亲子关系，以免剥夺幼儿自主学习的机会，养成过于依赖的不良习惯，影响其主动性、独立性的发展。例如：父母应当多倾听孩子的声音，在作出有关家庭的重大决定时适当听取孩子的意见，在安排有关孩子的生活、游戏和学习计划时吸纳孩子的想法，及时关注孩子的情绪变化，耐心倾听孩子的诉求等。

4. 端正育儿心态。

家长需要正确认识社会上关于入学准备的不良传闻和做法，摆脱"不能让孩子输在起跑线上"的错误想法，应多和小学生家长沟通，努力摆脱入学焦虑感。

做法举例

在家里，妈妈不再逼着浩浩每天写生字，而是跟浩浩一起阅读他喜欢的图书。浩浩跟妈妈的关系变得更亲密了。在读书的过程中浩浩除了认识了常见的字，更了解了很多处理情绪、与别人相处、让生活更有趣的故事，浩浩变得更加开朗了。

妈妈经常邀请几位已经上了小学的小朋友来家里做客，他们给浩浩讲了许多上小学的美好故事，浩浩特别喜欢听，逐渐地对小学生活充满向往。在幼儿园，浩浩的情绪也变得更加平稳，接园时也愿意高高兴兴地离开，对于回家、对于上小学也不再有畏难情绪。

资源链接

《今天，我可以不上学吗？》/ 袁晓峰（文），沈苑苑（图）

如果被孩子问及："我可以不上学吗？"大多数爸爸妈妈都会回答孩子"那可不行！"故事里的妈妈不是这样的。经过了简单的对话后，妈妈竟然说："嗯，那好吧！"接下来，妈妈以半旁观半参与的方式，陪伴并引导着孩子。孩子在经历了各种各样奇妙的想象后，和妈妈一起出了门，按时上学了。

《不一样的上学日》/ 柯林·麦克诺顿（文），喜多村惠（图）

本书其实是一个关于遇见好老师的故事。一个平常的男孩，像平常一样去上学，却遇见了一位不平常的新老师，这个看起来有点神经质的老师让孩子听一段音乐，然后把自己的感受写下来……

于是神奇的事情发生了，同样的音乐，孩子们听到的却是不一样的感受。书中有几页是没有文字的，我们可以看见平常的男孩骑在海豚身上畅游海洋，与白鸽一同翱翔蓝天……这是孩子们从来没有经历过的一堂课。

这本书十分适合已经上了一段时间课的小朋友阅读，上学的感觉一定是"紧张—好奇—有趣—厌倦"，当发现原来上学就是每天听课和写作业后，孩子非常容易丢失对生活乐趣的探索。

《上学到底需要什么》/ 金·T·格里斯维尔（文），瓦列里·戈尔巴乔夫（图）

小猪想知道书里写的故事到底是什么，于是他背上了小书包，来到校长办公室，但校长说"学校不收小猪"。最后小猪说服了校长，争取到上学的机会。

书中的小猪那种渴望上学，渴望读懂书中故事的心情真的非常让人羡慕！很多书里讲到上学总是在说"学校有什么"，却缺少了孩子那份对知识主动、好奇的想法。其实当孩子"主动"想去获取知识的时候，不需要家长和老师多说什么他自己就会去观察、去学习。

本书适合上幼儿园和小学一年级的小朋友阅读，希望孩子明白，上学的目的其实是学会自己看世界的能力，而不是为了完成某些任务。

（张磊撰写）

【案例 7】做什么事情都不积极的孩子

案例介绍

妞妞，女，6 岁 3 个月。妞妞的爸爸妈妈都是研究生学历，爸爸在某通讯公司担任经理，妈妈在某医药公司担任产品经理。家里的生活主要由妈妈来负责，爸爸管得少。平时主要是妈妈接送孩子，如果爸爸来接孩子则说明妈妈出差了。妞妞妈妈自己在单位属于比较积极上进的人，对孩子的要求也比较严格，给妞妞报了很多课外班，对妞妞期望很高。

情景一：秋天，班里组织"削柿皮，做柿饼"的活动，请小朋友准备合适的削皮工具，其他小朋友都带来了，妞妞妈妈专门跟老师说不让孩子参加活动了，怕她伤着自己。妞妞在看别人制作时特别眼馋，"是我妈妈不想让我削，我自己想"。又一次，体验"蒸馒头"的活动，老师提前请小朋友准备面粉和碗，妞妞早晨来园时又没带，因为妈妈说学这个也没有用，弄得怪脏的。

情景二：中班时妞妞报名参加了合唱队，但是在合唱练习过程中，妞妞经常注意力不集中，也很厌烦排练。老师多次提醒，但不见效。因为比赛在即，老师认为妞妞的状态可能不能参加比赛了。老师询问了妞妞的意见，妞妞一听，马上说了声"我也不想唱……"，便高兴地回班了。离园的时候，老师简单和妞妞妈妈交流了这件事情，妞妞妈妈当时就表现出很失望，走后一会儿又返回教室告诉老师，妞妞下楼时就为这件事哭了。第二天一早妞妞妈妈又给老师发信息说，孩子对这件事情很失望。可老师在班里看妞妞的情绪还是和平常一样，没有其他的反应。老师问："妞妞，不能参加合唱失望吗？""不失望。""昨天是不是因为这件事情很伤心，还哭了？""我没有哭啊……""那你昨天回家和爸爸妈妈说起这件事了吗？""没有，可是我妈妈昨天一直在说，我都说别说了，可她还说，她想让我参加。"过了一会儿，妞妞想了一下又说："我觉得我妈妈好像比我失望。"

情景三：大班毕业典礼前要选小主持人，请小朋友自愿报名，妞妞没有报名，老师再次和没有报名的小朋友进行了确认询问，鼓励小朋友都能尝试参加。妞妞表示对这件事情不感兴趣，老师也只好作罢。第二天一早，妞妞妈妈就来找老师，告诉老师让孩子试试，孩子可能因为害羞，所以没报名。老师再一次征询妞妞的意见："妞妞，今天想参加了吗？"妞妞说："我不想，我昨天跟我妈妈说了，我妈妈说她小时候都争着报名，非得让我也参加。""那你想参加吗？"妞妞说："我不想，我妈非逼着我想。"

情景四：妞妞很遵守规则，在做手工、画画等方面能力较强，但遇到自己不擅长的事情时，经常会说自己不舒服不能参加。比如要玩游戏了，她说自己不舒服，要在一边休息；大家一起上轮滑课，遇到她做不好的动作时她也会突然说自己难受，不想滑了。老师带着妞妞去保健室检查过，妞妞的身体没有什么问题。这样数次之后，老师判断妞妞可能身体上并没有大碍，只是不想参加这些活动，为自己找了些借口。

案例分析

该问题的本质在于家长忽略了幼儿的主动性发展,不尊重孩子的意愿,将自己的想法强加给孩子,导致孩子不自信,缺乏探索欲望,做什么事情都不积极、不投入,缺乏意志力。随着现代教育理念逐渐深入人心,家长普遍接受"孩子是独立的个体""尊重孩子"等观念,但是在实际行动中仍然有很多家长不能真正做到"尊重儿童的意愿"。案例中妞妞妈妈的想法不是个别现象,很多家长会认为"在竞争如此激烈的大环境中,不能任由孩子的意愿疯跑瞎玩,必须帮他作好准备""孩子太小,什么都不懂,如果让他自己做主,不知他们会走多少弯路,造成多少损失",于是父母就替孩子作了决定:学钢琴、学朗诵、学英语、学数学、参加比赛……在孩子获得了一项项技能,学习到各科知识的同时,家长却发现孩子学习的兴趣越来越低了。家长通常会认为是孩子懒惰,没有进取心,却不知道自己的决定无形中剥夺了孩子发展主动性的机会,而正是主动性才能帮助孩子获得追求目标的勇气和信心。

美国心理学家埃里克森认为在人生的每一个阶段都有一个重要的发展任务,任务的成功解决有助于下一个阶段的发展,也是形成健康人格的前提。而3～6岁儿童面临的最重要的发展任务是"发展主动性,战胜内疚感"。这个阶段的儿童精力充沛,对身边的各种事物都充满好奇,渴望探索。这时候,如果儿童的好奇心和主动探索活动得到成人的鼓励,而且成人还提供更多机会让他自由地参加各种活动,儿童就会有一种愉悦感,主动性就会得到进一步发展,发展出自主意识,会更为积极地投入对周围环境的探究,会按自己认为有效的方式行事,使自己的潜力得到发挥。相反,如果父母对儿童的主动性活动采取否定、压制的态度,阻止孩子的自主探索,就会使孩子认为自己的游戏是不好的,自己提出的问题是笨拙的,致使儿童产生内疚感、挫败感。儿童今后将寻求一种规矩的生活,倾向于做自己熟悉的事情,而不愿尝试新活动、探索新环境,因为这样不会犯错,不会受指责，这样很安全。

通过情景一我们可以大致了解，妞妞对很多事情都保有好奇心，想参与幼儿园组织的各种活动，但是孩子的好奇、投入和探索却屡屡被母亲阻止、否定，母亲用自己的标准判定"学这个没有用"，打击了孩子的主动性，致使孩子产生挫败感。情景二和情景三都展现了母亲将自己的意愿强加给孩子，进一步限制孩子主动性的错误做法。妞妞对妈妈"热衷投入"的活动表现出的不投入也反映了这些活动并不是妞妞内心想探索的"目标"，只是应付妈妈的要求，达成妈妈的目标。这种自主性被"绑架"的后果就是孩子做事情缺乏主动性，不愿意尝试新的活动，在活动中遇到困难就退缩、放弃。情景四中妞妞就表现出了自主性被长期压抑的后果——对环境和新活动缺乏基本的探索欲望，做事情缺乏意志力，坚持力不足。

在您的家里有没有一个类似妞妞这样，做什么事情都不积极的孩子呢？造成这种现象的原因归结起来大概有如下两点：

1. 父母过多干预和否定增加了孩子的无力感，导致了孩子的不自信。

幼儿阶段的孩子精力旺盛，主动参与家务、探索环境的动力很强，但是有些父母却因为怕麻烦、怕耽误时间、怕弄脏衣服、怕孩子失手伤到自己，于是要么不让孩子参加，要么直接替孩子完成。这样看似高效、卫生，能保护孩子不受伤，但是本质上却是对孩子的不信任，让孩子逐渐陷入"习得性无助"的困境中。20世纪60年代，美国心理学家塞利格曼用狗做了一项实验：先把狗关在笼子里，只要蜂音器一响，就对其进行难以忍受的电击，狗无法逃避。多次电击后，将笼子的门打开，当蜂音器再响时狗完全可以逃跑，但是它没有逃，而是在电击还没出现时就先倒在地上开始呻吟和颤抖。本来可以主动地逃避却绝望地等待痛苦的来临，这就是习得性无助。狗之所以无助，是因为被实验操控无法体验到成功逃脱的成就感，逐渐不相信自己能逃脱，直至变得绝望。这种习得性无助在成人身上也会发生，而且大多数人的习得性无助都可以从其"无力"而"被动"的童年时代寻找到端倪。父母对孩子参加活动（如种植、揉面团等）的愿望的阻止、包办代替以及各种理由——"你自己做不了这个""你的想法太荒唐""你笨手笨脚的，就别给我添乱了""你怎么会想做这个，太没意义了"，就像"电击"一样，一次次地刺激着孩子，吞噬着孩子主动、坚持、探索的精神，让孩子开始怀疑自己的能力。长此以往，孩子慢慢也就放弃了对新事物的探索和尝试，变得对什么都不感兴趣，做什么事情都不积极。

2. 父母将自己的意愿强加给孩子，不利于孩子意志力的培养。

有些家长认为自己让孩子学琴，给孩子报各种兴趣班就是要培养孩子的意志力，怎么会适得其反？其实意志力形成最关键的一步就是孩子要有"选择的自由"。如果一个孩子能够按照自己的兴趣选择做某件事情（如搭积木，我们暂时称它为"志向"），他就必须排除和抑制其他吸引人的，但是与他的"志向"不相干的事情（如一个可以唱歌的毛绒玩具、一部好看的动画片），下定决心把所有注意力放在自己的"志向"上。在儿童为实现"志向"而作出自由选择的过程中，意志力便形成了。可见，在意志力形成的过程中一定要给儿童独立作决定（决定坚持什么、放弃什么）的机会。但是，如果父母总是让孩子实现成人的兴趣和意愿，孩子没有自由选择的权利，也就不需要为实现自己的"志向"而锻炼意志，意志力就被闲置了，时间久了，孩子就会变成一个没有自己的"志向"、找不到自己兴趣所在的人。

案例中的妞妞妈妈总是将自己认为有趣又能锻炼能力的活动，如参加合唱比赛、当小主持人强加给孩子（就像妞妞说的"我不想，我妈非逼着我想"）。家长总用自己的意愿挤压孩子的意愿，最终会让孩子变得不仅缺乏兴趣，意志力也不足。

专家建议

《3—6岁儿童学习与发展指南》指出："幼儿在活动过程中表现出的积极态度和良好行为倾向是终身学习与发展所必需的宝贵品质。要充分尊重和保护幼儿的好奇心和学习兴趣，帮助幼儿逐步养成积极主动、认真专注、不怕困难、敢于探究和尝试、乐于想象和创造等良好学习品质。"所以，尊重孩子的感受、兴趣，给孩子作决定、作选择的自由是培养孩子主动性和意志力的前提。将父母的意愿强加给孩子不仅打击了孩子的兴趣，也不利于孩子探究精神和意志力的形成，更无益于孩子良好学习品质的培养。

具体对策：

1. 家长应该搁置自己的成见，多关注幼儿的感受，保护其自尊心和自信心。

有些父母在自己的工作岗位中表现比较优秀，便对应着当前自己的成功形象在心目中塑造出这个形象的儿童版——一个"成功小孩"，并不自觉地用"成功小孩"的标准来评价孩子的表现，认为孩子应该很愿意参加某个活动，或者孩子没能参加比赛应该很伤心。这本质上是把孩子当成"成功小孩"的复制品，而未将其视为一个独立、平等的个体。当家长真正把孩子看作独特的人、关心孩子独特的感受时，孩子才能切实地感受到自己被尊重。家长可以经常问问孩子对幼儿园活动、对小朋友、对兴趣班的感受；对幼儿经过自己努力实现的"志向"多给予具体、有针对性的肯定和表扬，如"你一直坚持把这个积木搭完了，都没有被这个不好搭的积木吓倒"，"你这幅画的颜色好漂亮，你花了很多心思吧"，让他对自己的优点和长处有所认识并感到满足和自豪。同时，不要拿幼儿的不足与其他幼儿的优点作比较，最好让孩子和自己作比较，发现自己的进步和成长。

2. 父母应鼓励幼儿自主决定，独立做事，培养其主动性和意志力。

与幼儿有关的事情要征求他的意见，即使他的意见与成人不同，也要认真倾听，接受他的合理要求。这是帮助儿童发展主动性的第一步。比如，每天接园后要不要玩一会儿再回家、要不要参加幼儿园的节日庆典、节日庆典中表演什么节目等都是孩子可以自主决定或与父母协商的话题，可以给孩子自由选择的机会，还不妨提供些必要的条件，帮助孩子实现自己的想法。帮助孩子建立起自信后可以鼓励他尝试有一定难度的任务，并注意调整难度，让他感受到经过努力获得的成就感。这一过程能够增强孩子的意志力。

做法举例

妞妞很期盼幼儿园的户外采摘活动，但是以往每次采摘妈妈都嫌挖土太脏了，妞妞有些担心这次活动也会被妈妈禁止。令妞妞欣喜的是，这一次妈妈不仅同意她参加活动，还帮她选好了挖红薯和花生的工具。妈妈和妞妞一起选定了一块松软的土地，妞妞开心地挖起红薯，妈妈在旁边撑好袋子准备迎接果实。在这次活动中妞妞学会了用铲子，还获得了"生产小能手"称号。

妈妈同意妞妞把不喜欢的数学思维班换成了她梦寐以求的画画班。星期天，妞妞在家用一个小时完成了自己的"大作"——水粉、蜡笔、彩铅混合版的小公主，并展示给爸爸看。爸爸看着画，歪着头认真地说："我第一次看到这么美丽的公主，你用的色彩好丰富啊！我尤其喜欢公主的裙子。爸爸都想有一条这样的五彩裙子。"

资源链接

《没有做不到的事》/ 谢恩

7岁生日那天，小男孩汤姆收到了一大堆礼物：遥控飞机、机器人、玩具车……这些都是他最钟爱的玩具。不过，汤姆实在不知道爸爸送给他的网球拍有什么用，因为他觉得根本没有人打网球：姐姐不打，妈妈不打，小猫不打，好朋友卡文不打，小狗当然也不会打……最后，爸爸拿起了网球拍。他告诉汤姆：其实，真正不打网球的是汤姆自己，只要勇于尝试，没有什么做不到的事情！

《糟糕,身上长条纹了!》/ 大卫·香农

卡米拉喜欢吃青豆却不敢承认,因为她所有的朋友都讨厌吃青豆。在卡米拉终于愿意坦承自己的喜好后,就像咒语解除,卡米拉恢复了原本纯净的孩童面目。

从此,卡米拉不再盲目追求别人的认同,真实地做她自己,成为一个虽非众人喜爱却愉快自在生活的寻常小孩。

《有个性的羊》/ 达尼拉·楚德岑思克

不愿和大家一起去剪羊毛的赫尔伯特是一个爱美的小羊。这个小羊不单是把自己的毛留得特别长,她不管做什么,都喜欢别出心裁——伙伴们在草地上捉迷藏时,她却爬到大树顶上躲起来;大家玩着滚草垛的游戏时,她却把草垛滚到了高速公路上;甚至连做"发型",她也要标新立异。

赫尔伯特让我们明白了,即使是一个与众不同的孩子,也一样可以成为群体中的一分子。每个孩子都是在学会做一个与众不同的自己的同时,学会了接受与众不同的他人。

(池丽萍撰写)

【案例8】拒绝爸爸的孩子

案例介绍

贝贝的爸爸和妈妈都是独生子女,家境良好。贝贝的爷爷家教严格,所以贝贝爸爸从小是在严格的教养环境中成长起来的。在对待贝贝的教育问题上,贝贝爸爸同样也特别严厉,制定了很多规则,常常批评孩子;而妈妈则温柔很多。于是,贝贝对妈妈很是依赖,对爸爸总是有点儿怕怕的,还常常拒绝爸爸提出的一些提议。爸爸甚至常常和妈妈因为教育孩子的问题吵架,认为贝贝"拒绝"他、"不要"他的原因是妈妈的立场有偏差。下面是贝贝妈妈和老师沟通交流的几件事情——

情景一:一天,全家要外出,可是临出门的时候,贝贝玩水把鞋子弄湿了,为此贝贝爸爸大发雷霆,严厉地训斥了贝贝:"你不知道一会儿要出去吗?还想不想和我们一起走?"贝贝妈妈出面阻拦说:"你和一个孩子较什么劲儿啊,让他重换一双不就得了?"贝贝爸爸火更大了,连着贝贝妈妈也一起数落了,说她不和自己站在一队。贝贝妈妈心里委屈,她觉得本来是一件很小的事,孩子玩水就玩吧,鞋湿了就换一双,没必要上纲上线发这么大火。可是贝贝爸爸一生气，全家愉快的氛围没了，贝贝拒绝和爸爸一起出去玩儿，本来计划好的外出取消了。

情景二：有天晚上，贝贝爸爸心血来潮，说要和贝贝一起睡觉，问贝贝："我和你一起睡觉好不好？"没想到贝贝一下就拒绝了爸爸。"我不和你睡，我要和妈妈睡。"爸爸生气了，训了贝贝一顿，说："臭小子，为什么不和我睡啊？你今天要不自己睡，要不和爸爸睡。"贝贝一听就哭了："我不想和你睡。"爸爸还一直追问："我是你爸爸，为什么不想跟爸爸睡觉？"贝贝妈妈拉开爸爸，说："不和你睡就不睡呗，你干吗非要追问孩子理由啊？你平时陪伴他少，现在想起什么就是什么的，孩子怎么敢和你睡啊？"最后贝贝爸爸与妈妈又是一顿吵。

情景三：圣诞节的时候，贝贝收到一套乐高玩具。贝贝准备拆开玩的时候，爸爸凑过来，和贝贝一起搭城堡。可爸爸看贝贝一下子拆开好几包零件，马上严厉地说道："贝贝，你怎么乱拆？先拆开一包慢慢拼，然后拼完了再拆第二包，不要摊开来弄乱了。"贝贝一听爸爸这样说，就扭过身子说："爸爸，我要自己玩儿。你不要动我的玩具，我不想和你一起玩儿。"满怀期待的爸爸拿起一块积木说："爸爸小时候玩得可好了，陪你玩一会儿嘛！"可是贝贝却一把抓走爸爸手里的积木，说："我不要！"

情景四：贝贝在幼儿园完成了一个拼插作品，兴高采烈地带回家，给爸爸妈妈讲他的创作。在讲的过程中，爸爸发现有个部件位置装错了，城堡上少了东西，便批评他说："儿子，你这城堡门上面的砖颠倒了，这里还有个字牌也不对。太粗心了吧，以后注意点。"爸爸说完后，原本激动兴奋的贝贝像霜打的茄子，不再说话了。妈妈催促他继续讲，贝贝说："我不讲了，不知道该讲什么了。"爸爸看到后，继续批评说："我指出你的错误是为你好，这么点批评你都受不了，将来能成什么大事！"可想而知，贝贝又陷入沮丧的情绪中，拒绝给爸爸讲自己幼儿园里的事情。

案例分析

该问题的本质是家长无意识中采用的"暴力沟通"方式挫伤了孩子想与其建立亲密关系的情感，父母忽略了孩子内心的感受和需求，造成孩子与大人之间交流的"阻隔"。

所谓"暴力"，既指身体的暴力——行为涉及使用武力，也指隐蔽的暴力——使用语言等造成精神伤害。如今，随着时代的进步和教育观念的更新，越来越多的父母不再抱有"不打不成材"、体罚孩子这样的旧观念。但是，却有一些"暴力沟通"的行为，没有得到大家的重视。比如，贝贝玩水把鞋子弄湿了，贝贝爸爸用了严厉的斥责式语言："你不知道一会儿要出去吗？还想不想和我们一起走？"这就是暴力沟通的典型表现。爸爸没有关注贝贝的感受，一心只想完成自己带领全家人出门这件事，当事情失控时，便不知不觉地使用了"暴力"语言沟通。结果带来孩子本能的抵触和反抗，孩子在情绪的影响下拒绝了与爸爸一起外出的需求。再比如，爸爸晚上想陪贝贝睡，在沟通时使用了命令式的"暴力"语言——"臭小子，为什么不和我睡啊？你今天要不自己睡，要不和爸爸睡"。虽然贝贝爸爸的初衷是爱孩子的，但这样居高临下的沟通方式，贝贝不仅没有感受到爱，而且还感受到了压力和控制，于是他哭了一通鼻子，用自己的方式反抗和拒绝了爸爸的提议。

批评、指责、辱骂、评判和纠正等常常被一些父母用在教育孩子上。生活中，有些父母常常会用二分法来判断孩子的行为，对或错、道德或不道德、负责任或不负责任、聪明或愚蠢等等；还有些父母常常会教训孩子或命令孩子，对孩子的要求中隐含着强人所难的压迫感和威胁感，背后的含义是：如果你不配合，你就会受到惩罚。

比如，贝贝爸爸在看到贝贝玩积木的方式不符合自己的方法后，立马指责并纠正："贝贝，你怎么乱拆？先拆开一包慢慢拼，然后拼完了再拆第二包，不要摊开来弄乱了。"这样的沟通语言中暗含了爸爸对贝贝的评判，直接阻断了贝贝自己去探索发现或试错摸索的可能，让贝贝觉得有压力，于是他拒绝与爸爸一起拼搭积木。

再比如，情景四中贝贝爸爸的评判也是直接且武断的："儿子，你这城堡门上面的砖颠倒了，这里还有个字牌也不对。太粗心了吧，以后注意点。"这样的话语表明爸爸没有考虑到贝贝分享作品时的成就感和渴望认同的情感需求，而是站在成年人的道德制高点向孩子展示自己的权威，结果使得孩子渴望父母认同的需求受到打击，对爸爸吹毛求疵、强人所难的"暴力沟通"方式给予了消极回应。

无论是家长还是孩子，当听到别人对自己的批评时，一般会申辩、退缩或反击。当父母常常使用这种暴力沟通的方式时，孩子的情感体验会变得消极，体会不到父母的爱，认为自己不被家人理解和关爱，甚至产生逆反心理。

那么，是什么使贝贝体会不到爸爸心中的爱？是什么蒙蔽了亲子之间的深情？语言表达方式的不当，或者说"暴力沟通"是直接原因。贝贝爸爸急于满足某一方面的愿望或是以自己为中心考虑问题，忽视了自己的交流对象——儿子——的感受，以致造成疏远和伤害。也就是为什么有些家庭里，高高在上的家长一方，越是努力想要改善亲子关系，越是把孩子推得离自己远远的。好的沟通可以带来温暖和爱的感受，正如《非暴力沟通》一书中讲到的："当我们褪去隐蔽的精神暴力，爱将自然流露。"

专家建议

挫败感很强的贝贝爸爸也许应该学习和了解一下"非暴力沟通"。"非暴力沟通"是印度圣雄甘地首先提出来的。它的基础是一些乐于互助的沟通方式。通过运用非暴力沟通，可以指导家长转变谈话和聆听的方式。在亲子交流过程中，父母不要条件反射式地马上作出反应，而是在爱的基础上去明了自己的观察、感受和愿望，有意识地使用语言，既要诚实、清晰地表达自己，又要尊重与倾听孩子的心声。这样，才不会把孩子从自己身边推开。

非暴力沟通的第一个要素是观察。观察的目的是帮助家长客观了解事实，不要把事实与结论混为一谈，给孩子贴负面标签。父母要善于冷静地观察，客观地描述观察结果。有一首诗：

我从未见过愚蠢的孩子；

我见过某个孩子有时做的事，

我不理解，

或不按我的吩咐做事情；

但他不是愚蠢的孩子。

请在你说他愚蠢之前，

想一想，

他是个愚蠢的孩子，

还是他懂的事情与你不一样？

非暴力沟通的第二个要素是感受。体会和表达感受是非常重要的，因为体会内心的感受可以产生共情；表达内心的感受可以促进情感交流。每个人都有多种多样的感受，如感到满足时的兴奋、喜悦、欣喜、感激、自信、乐观、陶醉、幸福、舒适、踏实、温暖、无忧无虑等；感到不满足时的感受有：害怕、焦虑、紧张、忧伤、沮丧、悲伤、愤怒、烦恼、困惑、迷茫等。使用非暴力沟通中的感受词汇，会更加清楚地表达感受，使沟通更为顺畅。父母在与孩子沟通他的感受时，切忌火上浇油、使用负面词汇，而要多选用表达感受的词汇，准确描述孩子的心理，与之产生共情。

非暴力沟通的第三个要素是需要。需要是导致某种感受产生的根源。我们内在的需要以及对他人言行的看法，导致了我们的感受。父母的批评往往暗含着对孩子的期待。如果父母通过批评来提出自己的主张或是给孩子纠错，孩子的反应往往是申辩或反击。相反，如果父母直接说出自己的需要，孩子可能会表示理解，并给予积极的回应。阿德勒曾指出，人与生俱来的身体自卑和精神自卑都是自然的、真实的。作为孩子，都会有自卑感。个体成长的过程，就是一点点战胜自卑感获得自信心的过程。父母要善于发现和表达自己的需要，必要时甚至要示弱，在这种非暴力的沟通方式下，孩子便很少有拒绝。

非暴力沟通的第四个要素是请求。请求他人的帮助，也就是清楚地告诉对方，我们希望他们具体做什么。很多时候，孩子在与大人的沟通中感到沮丧，是因为孩子不知道大人究竟想要自己干什么。作为家长，只有对自己认识得越深，才有可能将请求表达得更具体、准确，请求才更容易得到满足。不恰当的请求很容易被孩子理解为命令，从而产生对抗心理，而非暴力沟通中建立在理解之上的请求是可以被接受的。家长注意要少用抽象的词，多用具体的描述来表达请求。

在接近孩子、缩短孩子与自己的心理距离方面，非暴力沟通具有非常积极的应用效果。正如阿伦·甘地所言："非暴力不是今天用了，明天就可以抛弃的权宜之计。"语言是心灵的窗户，改变沟通方式，运用非暴力沟通是家长自我转变的重要开端。

做法举例

一家人准备外出，贝贝换好衣服后又去洗手间洗手，弄湿了衣服和鞋子。爸爸看到后，心平气和但很认真地问："贝贝，你这样湿着可以出门吗？爸爸妈妈都准备好了，要不要给你时间换衣服呢？"贝贝意识到自己的错误，说："对不起爸爸，我不是故意的，我要耽误爸爸妈妈一点时间，现在马上去换，你们稍等我一下哦。"

晚上贝贝要回自己房间睡觉，爸爸问："贝贝，和爸爸一起睡可以吗？"在听到贝贝回答说"不，我要和妈妈睡"之后，爸爸开玩笑地说："哇，那我可不可和你一样,也申请和妈妈睡?咱们三个人今天晚上一起睡,聊聊天好不好?"贝贝点了点头:"那今天我们请妈妈来讲故事,爸爸来配乐,好不好?爸爸妈妈分别在我两边。"

资源链接

《爸爸的头不见了!》/ 安德烈·布夏尔(文),昆廷·布莱克(图)

该书用一种幽默的方式指出了这样一种家庭教育现象,爸爸看似下班回家了,但是他的头(思想、情感、灵魂)并没有回来,他不会积极陪孩子玩耍,也不会回应孩子的需求,不与孩子们交流,看起来像是身体回家了而头并没有。作者通过这个故事讲述了一个深刻的现代寓言:没有爸爸的参与,孩子的童年是不完美的。

《大卫,不可以》/ 大卫·香农

大卫的妈妈总是说:"大卫,不可以!"大卫伸着舌头,站在椅子上颤颤巍巍去够糖罐;大卫一身污泥回家,客厅的地毯上留下了一串黑脚印;大卫在浴缸里闹翻了天,水流成河;大卫光着屁股跑到了大街上……每一幅页面里都有妈妈说的话:"大卫,不可以!"但是,书的精华在后面:大卫在屋子里打棒球,把花瓶打破了。这下可闯大祸了,大卫被罚坐在墙角的小圆凳上,流眼泪了。于是,妈妈对他说:"宝贝,来这里。"妈妈给了他一个温暖的拥抱,对他说:"大卫乖,我爱你。"太经典了,一个童年恶作剧的故事就收场于这样一个爱的动作。不管孩子有多调皮,可是当他伤心的时候,母亲的怀抱永远是他温情的港湾。

《非暴力沟通》/ 马歇尔·卢森堡

  这是一本由美国非暴力沟通领域的专家卢森堡博士创作的畅销书。书中系统介绍了非暴力沟通的内容与要素，用具体的方法引导读者该如何去倾听自己内心的声音，促进自我理解和内心和谐。对于渴望改善亲子关系、提升家庭教育质量的父母们，良好的沟通是福音，是幸福的种子。

（房阳洋撰写）

图书在版编目（CIP）数据

爱的魔方：3—6 岁儿童家庭教育案例集 / 王练等编著 . —上海：华东师范大学出版社，2019

ISBN 978‐7‐5675‐9878‐2

Ⅰ.①爱… Ⅱ.①王… Ⅲ.①学前儿童—家庭教育—案例 Ⅳ.①G781

中国版本图书馆 CIP 数据核字（2019）第 277634 号

大夏书系·成长阶梯

爱的魔方：3—6 岁儿童家庭教育案例集

编　　著	王练　陈虹　张雯　胡华　等
策划编辑	任红瑚
审读编辑	张思扬
封面设计	纽希平面
出版发行	华东师范大学出版社
社　　址	上海市中山北路 3663 号　邮编　200062
网　　址	www.ecnupress.com.cn
电　　话	021‐60821666　行政传真　021‐62572105
客服电话	021‐62865537
邮购电话	021‐62869887　地址　上海市中山北路 3663 号华东师范大学校内先锋路口
网　　店	http://hdsdcbs.tmall.com
印刷者	北京密兴印刷有限公司
开　　本	700×1000　16 开
插　　页	1
印　　张	14
字　　数	199 千字
版　　次	2020 年 1 月第一版
印　　次	2020 年 1 月第一次
印　　数	6 000
书　　号	ISBN 978‐7‐5675‐9878‐2
定　　价	49.80 元
出版人	王　焰

（如发现本版图书有印订质量问题，请寄回本社市场部调换或电话 021-62865537 联系）